# RE·CREAR

# RON LUCE

# RE·CREAR

### CÓMO FORMAR UNA CULTURA EN SU HOGAR MÁS FUERTE QUE LA CULTURA QUE ENGAÑA A SUS HIJOS

EDITORIAL
PATMOS

## ReCrear

©2009 Ron Luce

Publicado por Editorial Patmos, Miami, FL USA
Derechos reservados

Publicado originalmente en inglés por Regal,
una división de Gospel Light Publications, Inc.,
Ventura, CA USA
©2008 Ron Luce

Traducido por Wendy Bello

Diseño y arte de tapa usado con permiso de Regal Books
Derechos reservados

Categoría: Familia, Jóvenes, Consejería

ISBN: 978-1-58802-412-1

Impreso en Brasil

# ELOGIOS PARA **RECREAR**

Nuestros hijos son nuestro recurso natural más preciado, pero en la actualidad son atacados de maneras que no tienen precedentes. Nuestros hijos están siendo seleccionados de maneras sofisticadas porque los padres no saben cómo preparar a sus hijos para enfrentar algo que ellos mismos nunca experimentaron. *ReCrear* es un manual de supervivencia para las familias que muestras cómo retomar la cultura, una familia a la vez.

**DAVID BARTON**
Fundador y presidente de Wallbuilder Presentations Inc.

Ron Luce ha expresado el grito de guerra de su corazón en su gran nuevo libro *ReCrear*, y yo animo a los padres y abuelos de toda edad para que actúen de acuerdo a este mensaje maravilloso. Si usted no tiene un sueño para moldear el futuro de sus hijos, de seguro que la cultura egoísta y destructiva que nos rodea lo hará.

**TOMMY BARNETT**
Pastor de Phoenix First Assembly y de Los Angeles Dream Center

Ron Luce reconoce el poder de nuestra cultura y entiende la necesidad urgente de preparar a los padres para pararse firmes en la lucha por sus familias. No se equivoque: la guerra de la cultura es real, pero gracias a la visión y principios estratégicos que Ron ofrece en estas páginas, podemos ganar la victoria.

**JODIE BERNDT**
Autor de *Praying the Scriptures for Your Teenagers*

De un hombre que ha dedicado su vida a llegar a nuestra juventud proviene su búsqueda más significativa: llegar a los padres. Ron Luce se coloca en el valle de la persuasión, lanzando una roca en la mente de los gigantes que destruyen a nuestra juventud.

**PASTOR GLEN BERTEAU**
Pastor de Calvary Temple Worship Centre

En *ReCrear* Ron ha dado un paso para llegar a padres que necesitan comprender la cultura que está formando a nuestros hijos. Con su mensaje poderoso y estratégico, Ron pone a los padres en posición para ser personas influyentes más fuertes en el hogar y criar hijos que proclamen el propósito de Dios en su generación.

**JOHN Y LISA BEVERE**
Co-fundadores de Messenger International
Autores de éxitos de venta y oradores

*ReCrear* ofrece ayuda y esperanza para padres estremecidos por las realidades engañosas que invaden la cultura en la que viven sus adolescentes. Este es un llamado urgente: Se trata de rescatar a nuestros hijos e hijas…¡y a nuestro país!

**JEFF FARMER**
Presidente de Open Bible Churches
Vicepresidente de la Asociación Nacional de Evangélicos

Cuando Ron Luce habló sobre algunos de estos principios en mi congregación, esto desafió y motivó mucho a nuestra gente. Ron Luce es un hombre comprometido a cambiar el mundo. ¡Ayudémosle a hacerlo!

**DR. RONNIE W. FLOYD**
Pastor principal de la iglesia First Baptist Church of Springdale y de la iglesia The Church at Pinnacle Hills

*ReCrear*, está lleno de información actual que nos hace abrir los ojos, tanto a padres como a estudiantes, es un llamado a despertar para el cuerpo de Cristo con respecto a la guerra cultural que se libra por las mentes y las almas de esta generación.

**PASTOR JENTEZEN FRANKLIN**
Autor de éxitos de venta del *New York Times*
Pastor principal de Free Chapel

Es innegable que estamos en un momento de crisis. Los Estados Unidos está en el momento clave y Ron sabe que el enemigo ahora está dentro. Usted y yo debemos ganar esta batalla por nuestra juventud. La visión de Ron Luce será un componente clave en nuestra victoria.

**JIM GARLOW**
Pastor de la iglesia Skyline Church

El mejor ejemplo de discipulado es un padre que instruye a un hijo. Ron Luce escribe con autoridad, conocimiento y pasión. Él le dará las herramientas que usted necesita para asegurar la salud espiritual de sus hijos.

**ALTON GARRISON**
Subdirector general de las Asambleas de Dios

La cultura es una influencia ineludible en nuestras vidas. La pregunta es, ¿la absorbemos o la contrarrestamos? *En ReCrear*, Ron Luce expresa un plan dinámico para confrontar y cambiar las fuerzas destructivas de la cultura popular que rodean a nuestra generación.

**DR. JACK GRAHAM**
Pastor de la iglesia Prestonwood Baptist Church

Ron Luce ha diagnosticado la enfermedad de nuestra cultura que está desgarrando el tejido de las familias. Toda mamá y papá deben leer estas palabras y aplicarlas en la crianza de una nueva generación de jóvenes preparado para enfrentar los desafíos de la vida con el poder del evangelio.

**DR. O. S. HAWKINS**
Presidente de la Junta de Anualidades de la Convención Bautista del Sur

Como veterano en el ministerio juvenil y como padre de dos hijos adultos maravillosos, yo recomiendo *ReCrear* a cualquiera que no quiera titubear en el crucial papel de padre o madre.

**JEANNE MAYO**
Presidenta de Youth Leader's Coach
Comunicadora y autora para jóvenes

Esto es algo típico de Ron Luce. Implacable, directo al punto, da en el blanco y en el medio de la frente. En verdad una palabra importante para el momento.

**DR. MARK RUTLAND**
Fundador y presidente de Global Servants
Presidente de Southeastern University

Ya sea que usted es un adulto soltero que aspira a casarse, el padre o madre un niño pequeño, o alguien con años de experiencia en la crianza de los hijos, este libro le ayudará a ganar comprensión del diseño de Dios.

**ED YOUNG**
Fundados y pastor principal de la iglesia Fellowship Church
Autor de *Niños dominantes*

# CONTENIDO

Prefacio ...........................................................................9

*Jack Hayford, Samuel Rodríguez y Harry Jackson*

Introducción ...................................................................15

## Sección I: ReCrear la cultura en su familia

1. Una generación fuera de control .................................21
2. ¿Somos soñadores? .......................................................27
3. El dominio insidioso de la cultura ..............................31
4. Cómo dejamos que la cultura entre a nuestros hogares ...........35
5. Un tablero cultural para su familia ............................43
6. Padres cómodos = hijos con cerebros lavados ..............51
7. ¿Quién es el dueño de su corazón? ..............................57
8. Ventanas al corazón .....................................................63
9. Comunicar sus valores .................................................67
10. Un mensaje en un recuerdo .........................................75
11. Un matrimonio sólido = hijos seguros .........................83
12. No reemplace la comunicación personal ......................89
13. Sus hijos son más importantes que su carrera y su ministerio ...93
14. Enséñame el dinero y yo te mostraré cuánto vales ........99
15. Enseñe a sus hijos a ser soñadores ............................103

## Sección II: ReCrear una cultura en su iglesia que abrume al mundo

16. Una generación a punto de extinguirse .......................111
17. Crear una iglesia a la que los adolescentes *quieran* venir ...117
18. Soñadores para Dios ...................................................123

19. Anatomía de una iglesia de la nueva generación..................129

20. Iglesias que rompen el molde: historias de visión duplicada..................137

# Sección III: ReCrear nuestra sociedad

21. Los soñadores siempre ganan (la guerra de la cultura)..................147

22. Paralizados por lo ordinario..................151

23. Ganar la guerra de las relaciones públicas..................155

24. ¿Quién nos mandó a callar?..................165

25. Hacer un ruido creativo..................169

26. Adolescentes que están cambiando su generación..................173

Conclusión..................177

Notas finales..................179

Reconocimientos..................191

Declaración de objetivos de Teen Mania..................192

# *PREFACIO*

## Jack Hayford, Samuel Rodríguez y Harry Jackson

Este es un libro de perspectivas prácticas para los padres que sí están interesados. ¿Y qué padre o madre no está interesado en su hijo? Todos lo estamos. Anna y yo tenemos cuatro hijos, ya todos son adultos y nos dan mucha alegría hoy, la alegría de verlos satisfechos en matrimonios que funcionan y el gozo de ver que su familia, nuestros nietos, son felices.

Ninguna de estas alegrías es algo que se produce de manera natural. Cuando se busca cultivar una familia saludable, hay demasiadas corrientes en nuestro mundo que se inclinan en contra de esa salud. Estas tendencias son corrosivas para un hogar donde la sabiduría y el amor tienen un equilibrio y fomentan relaciones que hacen que padres e hijos sean una "familia" de la manera en que se supone que esta sea.

Este libro ayudará a cualquiera que se tome en serio encontrar el camino para tener una familia así o para ayudar a quien quiera reconstruir cualquier cosa que se haya destruido a nivel relacional. Ron Luce ha escrito sobre algo que él y su esposa Katie han aprendido de la mejor manera: *Ellos comenzaron* su matrimonio y su familia con el tipo de dirección que usted encontrará aquí. No fue necesario reconstruir, ellos simplemente aplicaron y se aferraron a lo que les habían enseñado.

Pero aquí Ron no está sermoneando acerca de los logros que ellos han tenido. Él sabe, como yo, que cuando uno encuentra hoy la verdadera sabiduría y el éxito para la crianza, esto proviene de una Fuente que te impulsa a cantar "Sublime gracia," y no "A mí manera". Pero a Ron no le son desconocidos los desafíos de reconstruir, aunque no ha sido el caso de él ni el de Katie. Como fundador y presidente de Teen Mania, él ha tenido contacto diario con jóvenes en todos los niveles de dificultad, desde relaciones familiares destrozadas hasta la confusión con respecto a los valores, el propósito y el significado, lo que tan a menudo viene del abuso, la rebelión, la adicción o un sentido personal de inutilidad.

Agradezco que me hayan pedido presentarle este libro, y también a Ron. Si usted lo conociera, probablemente no necesitaría mi explicación, algo que proviene de una mezcla de familiaridad con su vida y trabajo por más de 12 años, y de mi experiencia pastoral con los padres durante más de 40 años.

Así que abra las páginas y proceda. Aquí tiene un manual de pensamiento integral sobre los hijos que usted ama y a quienes quiere ver encontrar lo que es mejor para ellos. Como dije, está cargado con algo extraordinario y vaticino que le hará cantar sobre esa dimensión de la gracia en su familia a medida que usted dé la bienvenida a la única Fuente de sabiduría que proporciona esa gracia. Esa fuente es el Manantial de ayuda para cada padre y madre: el Dios que creó a las mamás, los papás y los hijos.

Permita que Ron le ayude a obtener una imagen contemporánea de cómo los caminos de Él funcionan en la cultura del siglo veintiuno, incluso cuando las cosas rotas necesitan reconstruirse.

Jack W. Hayford
Canciller, The King's College Seminary
Presidente de International Foursquare Churches
Pastor fundador de The Church On The Way

¿Llegó el final de la familia tal como la conocemos? ¿Pueden la familia cristiana y los hogares donde priman los valores sobrevivir en los enclaves culturales del siglo veintiuno que están empotrados en la era del exceso de información durante las 24 horas? ¿Puede la iglesia de Jesucristo sobrevivir sin matrimonios y familias saludables? Estas preguntas hablan de la necesidad de una revolución justa y de un movimiento de justicia que dará contexto a una misionología transformacional que esté comprometida a fomentar familias saludables, hogares santos y comunidades integrales. Antes de que la iglesia atienda e incorpore un plan estratégico para transformar la familia fuera de los corredores de la catedral, necesitamos fortalecer las familias dentro de nuestras paredes. Por consiguiente, Ron Luce presenta una solución viable para el desafío.

Ron comprende que tiempos sin precedentes requieren medidas sin precedentes. Nunca antes la institución de la familia ha enfrentado un ataque tan ilustre como el que experimentamos en nuestra realidad actual del siglo 21. Las estrategias de la crianza de los hijos se han rendido ante verdades y preceptos bíblicos populares y de la cultura, colocando así a la familia en medio de un mar turbulento sin ningún medio para sobrevivir ni tener éxito. Sin embargo, en medio de esta gran crisis, Dios prepara a sus hijos con la sagacidad necesaria para contrarrestar los ataques y preservar la unidad familiar con una perspectiva bíblica del mundo que abraza la rectitud y la justicia en el nombre de Cristo. En este libro, Ron Luce presenta principios para la crianza que son necesarios para educar a nuestros hijos y para preservar la unidad familiar dentro del marco del plan original de Dios.

En medio de una cultura digital con MySpace, Facebook, iPod, TMZ que es ambigua en el sentido moral, Ron Luce nos llama no solo a combatir la cultura sino también a reformarla mediante principios centrados en Cristo. Este libro sirve como un manual de supervivencia para la familia norteamericana y especialmente para cada familia cristiana que enfrente los desafíos sociales y morales de nuestros tiempos. Creo de todo corazón que al final de la jornada, este libro capacitará al lector para expresar a gritos la declaración que hizo Josué frente a los hijos de Israel: "Por mi parte, mi familia y yo serviremos al Señor."

Rev. Samuel Rodríguez
Presidente, National Hispanic Christian Leadership Conference

La iglesia está en peligro de ser amordazada. Se nos ha dicho tan a menudo que lo que creemos es erróneo que algunos hemos perdido la voluntad de mostrar públicamente nuestra fe. No somos ciegos ante los males de nuestra sociedad, pero nos sentimos presionados a simplificar el evangelio para que sea más aceptable desde el punto de vista social. Aunque queremos ser defensores valientes de la fe, muchos de nosotros sencillamente estamos abrumados. Queremos ser los embajadores de Dios en la tierra, pero no sabemos cómo.

Tenemos dos opciones: (1) Podemos meter a nuestras familias en una burbuja hasta que Cristo venga, o (2) podemos convertirnos en re-creacionistas. Una opción se basa en el miedo. La otra en la fe.

El camino de la fe requiere valor. Yo descubrí eso en los últimos años cuando, literalmente, me han lanzado a la arena política y social. He tenido que experimentar a nivel personal la intolerancia flagrante al mensaje puro de Cristo. En cientos de entrevistas con los medios de prensa, se me ha puesto a la defensiva como un representante de los puntos de vista cristianos "impopulares". Temas como el aborto, la promiscuidad sexual, el homosexualismo, la pornografía y el matrimonio tradicional a menudo se ven como algo divisivo y de una extrema derecha. Mi oración en estas actividades es: "Señor, ayúdame a dar tu mensaje de una manera que sea coherente con tu carácter." Los que se oponen a mis puntos de vista a menudo han reconocido que yo no sólo he venido a debatir sino a amar. El apóstol Pablo nos advirtió que en los últimos días, los hombres no soportarían la sana doctrina. A ese es el punto al que hemos llegado como cultura. La oscuridad del momento ha hecho que la visión espiritual de muchos se descomponga. Sin embargo, no siempre ha sido así.

Nuestros antepasados vieron a los Estados Unidos como un refugio de la tiranía de Europa y como un país que realmente podría ser gobernado según los principios de la Palabra de Dios. Los preceptos piadosos adoptados por nuestros fundadores eran demasiado encantadores como para dejarlos en un solo país. Así que hemos visto el sueño de la democracia penetrar cada continente.

Afortunadamente, Dios no solo sueña con países, culturas o sociedades. Al mismo tiempo siente pasión por el destino de cada persona del planeta. El sueño de Dios también incluye generaciones. Él imagina un grupo piadoso de jóvenes que penetra cada esfera de la sociedad en el mundo entero. Para tocar una generación, Dios necesita un ejército de líderes. Los líderes deben estar aguzados y preparados por una de las instituciones más estratégicas del Señor: una familia piadosa.

Pero, ¿quién entrena al entrenador? ¿Quién entrena a los entrenadores de familia? ¿Quién mejor que Ron Luce para decirnos qué hacer para difundir el sueño de Dios? Conozco a Ron hace más de una década. Me maravilla su sabiduría para ganar almas, su fortaleza en el discipulado y su comprensión de las tendencias culturales.

Este libro no solo es para padres; es para que lo lea la iglesia y aprenda qué se necesita para salvar nuestro mundo. Ron comparte estadísticas e historias que harán sentir culpable del gran letargo común ante nuestra situación a cualquier corazón abierto. Como padre de tres hijos que han pasado sus años adolescentes soñando los sueños de Dios, él está muy calificado para servirnos de guía.

Debemos encontrar la motivación del Espíritu Santo para marcar la diferencia.

Ron ha sido ejemplo y sus principios han creado los eventos de *Teen Mania*, *Acquire the Fire y BattleCry* y las otras muchas misiones de su organización. ¿Y usted? ¿Dónde la ha puesto Dios? ¿Es dentro del nido de su hogar? ¿Es en su vecindario, donde ve a los adolescentes que necesitan cuidado y dirección? Dondequiera que usted esté, usted puede, y se espera, que marque una diferencia para Dios. Extiéndase, pídale a Dios un sueño y lleve la información de este libro con usted. Prepárese para el viaje de su vida a medida que vuelve a crear su vida, su mundo y su generación.

Obispo Harry Jackson
Pastor principal, Hope Christian Church
Autor de The *Warrior's Heart*

# ¡ES HORA DE ALZARSE!

Luego de intercambiar con unos amigos que conozco desde la secundaria, pregunté:

—¿Cómo está su hija Beatriz [no es su nombre verdadero?

De inmediato comenzaron a asomar las lágrimas en los ojos de ambos mientras describían los últimos de una serie de sucesos en la vida de su hija.

Mis amigos han sido padres buenos que han ido a la iglesia durante toda la vida de su hija. Son personas de moral y tienen buenos ingresos. Aparentemente han hecho todas las cosas correctas que los convierten en padres buenos. Pero ahora ellos cuentan cómo un minuto después de que Beatriz cumpliera los 18 años, fue y se hizo un tatuaje. Me dicen que vive en casa pero a veces no viene a casa durante días y no tienen idea de dónde ha estado. Estos padres desesperados ahora esperan que les diga unas palabras que puedan darles esperanza en medio de la situación más desesperada en la que se hayan visto jamás.

Las palabras de este libro son para ellos y para todos los otros padres como ellos que necesitan esperanza y ayuda en la crianza de sus hijos. Este libro es para los millones de padres que quieren saber qué hacer con sus hijos mientras todavía son pequeños para prevenir que una angustia similar llegue a sus vidas.

No es secreto para nadie que los adolescentes están en problemas hoy día. Es difícil que pase una semana en la que no veamos titulares sobre adolescentes que están destruyendo sus vidas o las de otros. Vemos los efectos de una música rock y hip-hop perversa, pero no sabemos qué hacer. Sabemos que Hollywood y MTV tienen agarrados a nuestros hijos, pero no tenemos idea de cómo protegerlos. Hasta los padres buenos, temerosos de Dios, están viendo a sus hijos afectados por esta cultura de destrucción. Los estudios ahora muestran que hasta un 88 por ciento de los niños que se crían en la iglesia no siguen en la iglesia una vez que llegan a la universidad.[1] Con estadísticas como esta, el nivel de impotencia se va del control en muchos padres.

Entonces, ¿cómo puede el padre promedio competir con las industrias multimillonarias de la música pop, la televisión y el Internet que tratan de atraer los corazones y las mentes de sus hijos? Hay demasiados padres que alzan los brazos y simplemente oran y esperan que suceda lo mejor porque sienten que no hay nada más que puedan hacer. Pero ahora mismo, mientras sostiene este libro, hay esperanza en sus manos.

No se equivoque, la influencia de la cultura es fuerte. Esta manipula a nuestros hijos siendo muy jóvenes a hacer cosas que nunca soñarían estando en sus cabales. Lo bueno es que hay mucho que podemos hacer para proteger a nuestros hijos del poder la cultura que los está destruyendo. Nuestra función como padres no solo es luchar contra la cultura sino también enseñar a nuestros hijos a darse cuenta de su superficialidad y de los motivos de aquellos que la moldean. Nuestra verdadera defensa es edificar una cultura en nuestras familias que sea tan fuerte y definitoria *que atraiga los corazones de nuestros hijos a nosotros* y los mantenga con sus ojos puestos en nosotros para modelar sus valores.

A cuántos padres he escuchado decir: "Pero yo he hecho todo lo que sé hacer". Ahí está el problema. *¡Quizá no sabemos todo lo que podemos hacer!* La cultura en la que están creciendo nuestros hijos no tiene comparación en la historia. No podemos llevar el estilo de crianza que hemos visto siempre en nuestras vidas, no con la cultura que está decidida a destruir a nuestros hijos.

Las historias y principios que usted está a punto de encontrar no son solo teorías. Este es un manual de herramientas prácticas que han funcionado con nuestros propios adolescentes e innumerables padres han tenido éxito porque estos principios se han sacado directamente del manual para la vida: la Biblia.

Los jóvenes de hoy son diferentes a cualquier otra generación de la historia. Son más conocedores del mercadeo, de los medios de comunicación y de la cultura que cualquier otra generación anterior a ellos. Si vamos a fomentar una cultura fuerte en nuestros hogares para nuestros hijos, y rescatarlos de una cultura empecinada en el engaño, tenemos que comenzar por Re-crearnos a nosotros mismos. Es por eso que este libro no se parece a ningún otro libro que usted haya tenido. Este es un libro que usted no solo puede leer sino que también puede experimentar con sus amigos. Es un libro similar a cómo nuestros hijos experimentan las cosas en la actualidad. Con este libro viene una amplia gama de materiales e historias gratis sobre la crianza de los hijos que se encuentran en línea para ayudarle a aprovechar realmente lo que lea.

Cada capítulo va acompañado por una experiencia en línea que acompaña a las palabras escritas. Esa experiencia se encuentra en www.battlecry.com. De hecho, la introducción completa a este libro ni siquiera se encuentra en papel, está en línea. Así que, adelante. Deje a un lado estas palabras impresas y entre a la página para ver el video de introducción. El libro seguirá aquí mismo cuando usted termine de ver el video. (Si usted realmente quiere experimentar cómo sus hijos funcionan y hacen diversas cosas al mismo tiempo, usted podría ver este video en línea al tiempo que empieza a leer el primer capítulo y al mismo tiempo enviar un mensaje instantáneo a un amigo acerca de este libro y pedirle que lo experimente junto con usted.)

Tal vez quiera buscar también el cuaderno de trabajo y el currículo en video que van con este libro para estudiarlo con su cónyuge o con un grupo pequeño. Hay muchas actividades que le ayudarán a crear la cultura de la que estamos hablando de manera que usted pueda re-crear la cultura en la que viven sus hijos.

Prepárese para que la esperanza inunde su corazón a medida que lea estas páginas. Si usted tiene adolescentes que están atravesando problemas de adolescentes, entonces está en el lugar correcto. La aplicación práctica que aparece aquí también le ayudará a moldear incluso a sus hijos más pequeños con *sus* valores. Los días de la crianza sin esperanza se acabaron. Llegó la hora de levantarse y, al crear una cultura en nuestros hogares que sea verdaderamente irresistible, negarnos a que esta cultura destruya a nuestros hijos.

# SECCIÓN I

## *RECREAR LA CULTURA EN SU FAMILIA*

Este libro no solo es para padres de adolescentes. Lo que usted está a punto de leer fue escrito para convencerle de que es vital que usted comience a trabajar activamente con sus hijos desde edad muy temprana para crear una cultura familiar que fomente estabilidad, establezca expectativas y garantice la seguridad en sus corazones. A medida que sus hijos lleguen a ser adolescentes, usted querrá que tengan un fundamento fuerte de manera que no tenga que estar luchando para sacarlos del hoyo del infierno y a duras penas sobrevivir con su familia intacta.

Katie, mi esposa, y yo comenzamos el trabajo de base de impedir que la cultura robara los corazones de nuestros hijos cuando eran muy pequeños, antes del kindergarten. Trabajamos para edificar un fundamento saludable para nuestra familia y así poder prevenir muchos de los desafíos que vimos a otros enfrentar con sus hijos adolescentes. Al fin y al cabo, al viajar todos los fines de semana, año tras año y ver a los hijos adolescentes de otros sufrir y quedar destrozados, sabíamos en qué no queríamos que se convirtieran nuestros hijos. Así que mire a su alrededor y tome conciencia de esta cultura que puede destruir por completo una vida joven a medida que ustedes buscan ser padres que protejan a sus hijos.

# 1

# *UNA GENERACIÓN FUERA DE CONTROL*

No hace falta mucho tiempo para reconocer que las fuerzas de la cultura se han hundido en un abismo moral, que parece una película de terror que rueda ante nuestros ojos. Considere estos titulares de noticias del año pasado:

- Niño de 12 años mata a batazos a un niño pequeño, afirma la policía[1]
- Maestro arrestado por ofrecer buenas notas a cambio de sexo oral[2]
- Estudiantes embarazadas de secundaria en Denver piden licencia de maternidad[3]
- Adolescentes de Colorado acusados de matar a una niña de siete años por los movimientos del juego "Mortal Kombat"[4]
- Adolescente acusado de intentar violar a mujer de 62 años[5]
- Maestra de sexto grado recibe 10 años de prisión por tener relaciones sexuales con muchacho de 13 años[6]
- Tirador adolescente de Michigan dejó de tomar medicamento antes de cometer asesinatos[7]
- Inculpado sospechoso de Nevada en el caso de video de la violación de una niña de tres años[8]
- Fiscal norteamericano acusado de buscar relaciones sexuales con una niña de cinco años[9]
- Niña de seis años encontrada ahorcada en un garaje en Texas víctima de abuso sexual[10]
- Madre de Michigan sentenciada de 12 a 22 años por "contrato" sexual para su hija menor de edad[11]
- Hombre sentenciado a 20 años por asesinato relacionado con extraño triángulo amoroso en el Internet[12]
- Cuatro alumnos universitarios baleados a quemarropa en Newark, NJ[13]
- Madre joven acusada luego de grabación de su bebé de diez meses bebiendo ginebra con jugo[14]

¿Cómo pueden haber sucedido estas cosas en una tierra que se fundó sobre virtudes tan notables? ¿Qué dicen estos comentarios sobre nosotros como un todo? Aquello por lo que tantos de nuestros antecesores cristianos derramaron su sangre y trabajaron duramente parece habérsenos desaparecido de repente. ¿Qué pasó con la sociedad decente e íntegra para criar a nuestros hijos que una vez se llamó los Estados Unidos? ¿Cómo fue que llegamos a esto? Veamos un ejemplo flagrante que resume cómo nuestra cultura secular puede atraer y destruir una vida joven.

## El factor Britney

Supongo que las únicas personas que no saben quién es Britney Spears tienen que haber vivido en una cueva durante los últimos 10 años. Las historias de sus recientes colapsos en público han estado en cada periódico y programa de noticias del mundo. Su vida parece estar fuera de control, se transmite al mundo entero una mala decisión tras otra y eso da como resultado una humillación pública insoportable.

Ella comenzó como una sensación a los 15 años. Luego de ser protagonista en el canal de Disney siendo una niña, dio el gran salto. Tuvo su gran oportunidad y comenzó a cantar y a bailar para el mundo entero. En realidad, no fue solo su gran oportunidad sino también la gran oportunidad para la industria de grabaciones, ya que siempre están en búsqueda de nuevos talentos para explotar (quiero decir, promover). Estos ejecutivos necesitan nuevas "carnadas" para apelar a nuevos públicos, gran parte de su negocio responde a la pregunta: ¿A quién podemos descubrir y hacer grande para poder vender más? Una vez que la industria tiene una estrella, tienen que seguir vendiendo discos y manteniendo a la gente interesada en su estrella.

Sin mucha dirección de sus padres, la inocente Britney comenzó a cantar sobre el hecho de que "no era tan inocente" aunque todavía era menor de edad. Sus videos y presentaciones en televisión mostraban ropas cada vez más apretada y más reveladoras. Luego ocurrió el beso imprevisto con Madonna en televisión a nivel nacional durante los premios de MTV en el año 2003.[15] Parece que mientras más se acercaba al borde, más necesitaba de las relaciones públicas para estar satisfecha.

Su visibilidad siguió engañando a las multitudes, y al mismo tiempo la industria (es decir: MTV, Viacom, las casas disqueras, y las empresas de ropa y maquillaje) ganaban más a costa de su persona. Estas tenían un marcado interés en hacerla popular y le daban ideas que la mantendrían expuesta al público.

Por fin, en septiembre de 2007, la añadieron a última hora al programa de entregas de los premios de MTV para lanzar su último disco. Originalmente debía aparecer con el mago Chris Angel, pero él se retractó cuando se percató de que no iba a ser bueno. En las ocasiones en que venía a los ensayos, con un martini en la mano, le resultaba difícil practicar su baile. Era evidente para todo el mundo que no estaba lista para una presentación en vivo por televisión. Tanto su vestuario como su música necesitaban mejorarse. Sin embargo, MTV se negó a quitar su participación, aunque era evidente que le esperaba una humillación pública.[16] Ellos sabían que les aguardaban índices de audiencia superbuenos y eso era lo único que les interesaba.

Aunque Britney ha divertido y seducido a millones de personas, la industria ha ganado millones de dólares. Y a pesar de que millones de personas han quedado espantadas y cautivadas por su humillación, la industria ha ganado más millones de dólares. Este ciclo es parte de una maquinaria que utiliza a las personas para ganar índices más altos sin importarles lo que les hace en el proceso. Britney no es la única. Muchas otras estrellas jóvenes están en la maquinaria. Considere a Lindsay Lohan, las gemelas Olsen y a Macaulay Culkin.

Hay otras víctimas de esta maquinaria cultural. Los fanáticos de las estrellas están al final del espectro, la maquinaria necesita estrellas, pero también necesita fanáticos que compren los discos y vayan a los conciertos. La función de la industria es vender, vender y vender. No le interesa qué vende ni a quién se lo vende, mientras que siga entrando dinero. Las payasadas de una Britney Spears humillada, confundida e impredecible son un cuadro de lo que la maquinaria de la cultura pop está haciendo a muchos adolescentes que están atrapados en el vórtice de su plan destructor.

Amy Winehouse es un ejemplo excelente de lo que esta maquinaria les hace a las personas. En el año 2008 su disco Back to Black, con la famosa canción "Rehab," ganó cinco premios Grammy. Amy no pudo recibir el premio en persona debido a que se le negó la visa para entrar a los Estados Unidos por su reciente problema con las drogas.[17] Piense en el mensaje que esto transmite. Winehouse, de quien se dijo una vez que la vieron vagando en ropa de dormir endrogada, y quien fuera recientemente acusada por atacar a alguien, es la persona a quien la maquinaria decide exaltar.[18]

La maquinaria de la cultura pop se "interesa" tanto por sus adolescentes como por Britney. La maquinaria los devora y luego los escupe. Las vidas se destruyen dentro de la maquinaria y reciben la influencia del producto de la maquinaria. Entonces la máquina enjuaga y repite el proceso, en busca de un nuevo producto que vender y del próximo comprador.

## Cómo funciona la maquinaria

Existen cerca de 71 millones de jóvenes que conforman lo que en este momento constituye la generación más grande en la historia de los Estados Unidos, de los cuales se estima que 33 millones son adolescentes.[19] El número es tan grande que la mayoría de los comerciantes los ven como una mina de oro que no ha sido explotada, lo único que tienen que hacer es "desfalcar" su atención y luego venderles. En estos momentos los adolescentes gastan alrededor de $150 mil millones al año[20] e influyen sobre unos $200 mil millones de los gastos de sus padres.[21] Esto es enorme, pero no es nada en comparación con el potencial de gastos para toda una vida que tienen estos jóvenes consumidores. Los estudiosos del mercado han ilustrado que los 13 años es la edad en la que se toman muchas decisiones con respecto a los hábitos de compra para el resto de la vida. Se denomina la edad de marcar. Así que si la maquinaria puede hacer que les guste una bebida, una línea de ropas o un músico cuando tiene 13 años, es probable que compren esas marcas por el resto de su vida.

"Por supuesto, el problema no está en el mercadeo," como le dije a Vicki Mabrey del programa News Nightline de ABC. "La gente va a vender cosas y otros van a comprarlas. El problema está en el mercadeo sin conciencia, sin importar qué les vendes a los adolescentes y cómo eso los moldea". La gran parte de lo que se vende a los adolescentes (y a los niños) está dirigido a los medios (ya sea juegos de video, sitios web, música, televisión o películas). Cuando se les confronta, la mayoría de los creadores de contenido para estos medios enseguida excusan su culpabilidad apuntando a los padres que son los responsables de lo que sus hijos ven. Aunque esto sin dudas es cierto (lo trataremos con más profundidad en un capítulo posterior), toda su maquinaria tiene la mira, absolutamente, en vender a los niños. Si no pudieran venderles, se les acabaría el negocio. Ni siquiera se atreverían a crear el producto a menos que estuvieran convencidos de que pueden captar un porcentaje significativo del mercado. De veras, su industria se alimenta del hecho de que la mayoría de los padres son irresponsables o ignoran por completo lo que contienen en realidad los medios que se venden a sus hijos.

Algunas partes de esta maquinaria cultural (que en realidad fabrica una cultura para adolescentes) son asombrosamente grandes. Mire por ejemplo a Viacom; son dueños de Nickelodeon, Nick Jr., MTV, MTV2, VH1, Comedy Central, BET, Logo (el canal para homosexuales), así como otros medios de comunicación. Ellos tienen lo que se llama una estrategia "de la cuna a la tumba". Comienzan cuando nuestros hijos son muy pequeños y hacen que se enamoren de íconos de la cultura pop cuando los cuidan personajes como los de Nickelodeon. Enseguida se gradúan a Nick Jr. y MTV y se activa a toda marcha su apetito por la música y su deseo de imitar la ropa, la moda y cada gesto de las estrellas más populares. Ellos están felices al mantener a la gente ocupada en cada era y etapa de sus vidas, haciendo dinero mientras los manipulan a lo largo de sus vidas.

Hace unos años PBS reportó en su programa especial "Merchants of Cool" [Mercaderes de onda] cómo MTV ha desarrollado un prototipo de aquello en lo que ellos quieren que se conviertan los adolescentes que ven sus programas.[22] A los varones les dicen *mooks* [tontos]. Descubrieron que mientras más humor grosero pongan en sus programas, más los verán los adolescentes varones. Así que con toda intención inventaron programas nuevos como Jackass y anfitriones como Tom Green que constantemente hace alarde del estilo de vida Mook (irresponsable, pervertido, apático, uso de un humor obsceno, irrespetuoso) en los nuevos programas y películas de MTV. Mientras más los adolescentes ven, más imitan. Mientras más imitan, más se sientan en el sofá y quedan consumidos por el mismo ideal en el que se están convirtiendo; mientras tanto Viacom está ganando muchísimo dinero. Están produciendo toda una generación de tontos que están pegados al sofá y consumiendo dosis enormes de los medios que han sido creados para mantenerlos en el sofá.

A las chicas les llaman midriffs [torso descubierto]. El mensaje que están dando es: "Si lo tienes, osténtalo, aunque no tengas edad. Actúa como si fueras mayor de lo que eres". Así que promueven a estrellas como Christina Aguilera, las Pussy Cat Dolls y por supuesto Britney, para que sean las modelos de todo esto. Muestran programas en las vacaciones de primavera que presentan a muchachas de secundaria y universidad enseñando el cuerpo y emborrachándose. Por supuesto, nunca cuentan las historias de las chicas violadas, las que adquieren una enfermedad o las que terminan embarazadas. Entonces nuestras hijas se quedan pegadas a su estrella favorita y, por supuesto, imitan sus ropas y estilo de vida; solo que nuestras hijas (a diferencia de las que salen por televisión) son las que pagan las consecuencias de ese estilo de vida.

Viacom afirma descaradamente: "No hacemos publicidad para esta generación, somos dueños de esta generación". Y en muchos sentidos lo son, y todo mientras tienen unos $3.27 miles de millones en ganancias con la destrucción de los jóvenes en los Estados Unidos y en el mundo entero.[23]

¿Será de extrañarse entonces que Jamie Lynn Spears, de 16 años (hermana de Britney), estrella del programa Zoey 101 de Nickelodeon haya quedado embarazada? La maquinaria le ha hecho a ella lo que ha estado haciéndole a otros millones de chicas del mundo entero. No es extraño que Nick Jr. no cancelara el programa. Entonces hubieran tenido que admitir que lo que Jamie Lynn ha hecho es vergonzoso. Así que millones de chicos y chicas ahora tienen frente a ellos como modelo a su ícono de 16 años, embarazada.

Esta maquinaria está hambrienta. Tiene que saciarse. Necesita tener más estrellas para controlar y explotar (lo que ellos llamarían darles el "gran salto"). ¿Pero en realidad quién está llevándose la mejor tajada? También necesitan fanáticos a quienes vender. En cualquier caso, no les interesa el efecto final que su maquinaria tiene sobre sus víctimas. ¿Quién será la próxima? ¿Será la dulce Miley Cyrus de Hannah Montana, quien será sexualizada para mantener vivo el interés? ¿Serán sus hijos los próximos tontos y torsos descubiertos producidos por dicha maquinaria?

Déle un vistazo nuevamente al principio de este capítulo. Observe la cosecha generada por esta maquinaria de mercadeo de cultura. Vea lo que le ha hecho y está haciendo a los jóvenes. ¿Está siendo mutilada ante nuestros ojos la próxima generación, la que dirigirá nuestra nación? Esta cosa llamada la maquinaria cultural es algo increíblemente grande. ¿Qué se puede hacer entonces? ¿Quién puede cambiar MTV? ¿Quién puede reprimir su sed de más dinero y detener la ola de destrucción? ¿Qué podemos hacer como padres? ¿Cómo protegemos a nuestros hijos? ¿Podemos protegerlos? ¿Y el futuro de nuestra nación?

¿Arrastrará esta maquinaria cultural a esta joven generación a un abismo moral que haría que nuestros antecesores se revolvieran en sus tumbas?

Esa es exactamente la razón por la cual usted tiene este libro en sus manos. En estas páginas usted descubrirá un caudal de buenas nuevas que pueden ayudarle a proteger a su familia y a preservar a toda una generación. Lo que usted está a punto de leer, si lo aplica, impedirá que la maquinaria de la cultura devore a sus hijos y le mostrará cómo su iglesia puede ser un agente de rescate para los adolescentes de su comunidad. Usted descubrirá respuestas prácticas e historias genuinas de adolescentes, familias e iglesias que literalmente están rehaciendo la cultura.

Para obtener la experiencia completa de ReCrear, visite www.battlecry.com donde encontrará videos y más información.

26

# 2

# ¿SOMOS SOÑADORES?

*Después de esto, derramaré mi Espíritu sobre todo el género
humano. Los hijos y las hijas de ustedes profetizarán, tendrán
sueños los ancianos y visiones los jóvenes.*

JOEL 2:28

Los soñadores se adueñan de nosotros. Siempre lo han hecho. A través de la historia, aquellos que sueñan los sueños más convincentes son los que ganan seguidores en las masas. Ya sea que el soñador es un candidato político que barre con las elecciones o un general que apremia a los hombres a seguirle, aquellos que lanzan sus sueños con un aire cautivador se han ganado los corazones y la vida de la población en general.

## 98 por ciento vs. 2 por ciento

Se ha dicho (aunque sería imposible de documentar) que el 98 por ciento de nuestra población sigue la cultura y un dos por ciento determina la cultura. Uno puede identificar a un seguidor de la cultura cuando escucha frases como:
- ¿Viste los avances de la película? ¡Estoy loco porque salga la semana que viene!
- ¿No me puedo perder mi programa favorito de los jueves por la noche!
- ¡Ese equipo solo ha perdido tres juegos en esta temporada!
- ¡Tengo que comprarme esos pantalones!
- Tengo que peinarme así.

Este tipo de comentarios es un indicador de una vida que gira alrededor de la cultura. La cultura ha determinado qué es fundamental y las personas manejan su dinero y su tiempo de acuerdo con esta. Muchas personas de hecho están orgullosas del hecho de que han visto cada capítulo de las series televisivas 24 o Lost [Perdidos], o de que nunca dejan de estar a la moda, lo cual enfatiza el control que la cultura tiene sobre ellos.

Los innovadores, aquellos que se atreven a soñar, son los que determinan nuestra cultura. Ese 2 por ciento son los que escriben las canciones, los que escriben los guiones de las canciones de las películas, los inventores, los artistas, los legisladores, los cabilderos, los jueces, los editores de video, los dueños de redes de los ejecutivos de las casas disqueras…Creo que ya usted tiene la idea.

¿Quiénes son algunos de esos soñadores? ¿Qué le parece Bill Gates? Él sueña con software; y si usted está escribiendo en una PC (como lo estoy haciendo yo mientras escribo este capítulo), usted está participando de su sueño (mientras el gana dinero, por supuesto). ¿Y qué tal Steve Jobs de Apple? ¿Usted tiene un iPod? Cada vez que usted lo enciende, usted es parte de su sueño. Cada vez que usted descarga una canción o un podcast de iTunes, ¡usted agranda su sueño! Estos son dos soñadores que han moldeado nuestra cultura, de hecho, nuestras vidas cotidianas de una manera muy real. ¿Quién más? ¿Qué le parece Martin Luther King, Jr.? ¿Quién puede olvidar sus palabras indelebles: "Tengo un sueño…"? Nosotros como sociedad somos los beneficiarios de su sueño de la igualdad entre las razas. Él inició un movimiento de moralidad que nos hizo a todos mejores seres humanos. Pero, ¿dónde están los otros soñadores que pueden hacernos mejores como un todo? ¿Dónde están los soñadores que pueden soñar con ayudar a la gente en lugar de solo venderles algo? Nuestro país fue fundado con tales soñadores, entonces ¿adónde se han ido todos?

¿Dónde está el pueblo de Dios en el 2 por ciento? ¿No podemos soñar? ¿No podemos ingeniar ideas para tocar, rescatar e influir en las masas? ¿Por qué en la actualidad la mayoría de los soñadores que controlan la cultura están teniendo sueños que solo los benefician a ellos?

Ya sea que se trate de letristas que elaboran cuidadosamente las palabras sobre dispararle a un enemigo para resolver un problema o cómo aprovecharse en el sentido sexual de muchachas jóvenes, o los que fabrican ciertos juegos de video que enseñan a nuestros hijos a matar a la gente, estos creadores de la cultura han triunfado al transmitir a los corazones y mentes de nuestros hijos los valores equivocados.

Nuestros hijos no pidieron esta basura.

Piénselo. La mayoría de las cosas que moldean a nuestros hijos en esta cultura se les vendieron. Primero, los anuncios produjeron en ellos el deseo de tener el producto. Si nunca hubieran visto el anuncio o no hubieran hablado con un amigo que vio el anuncio, nunca habrían sabido que necesitaban lo que vendía el anuncio. Luego los comerciantes hicieron que fuera muy fácil acceder y obtener lo que se anunciaba, o fácil para los adultos obtenerlo para ellos. La maquinaria cultural no es solo los medios de comunicación, son cosas: cosas para ver, cosas para observar, cosas a las que ir, cosas que usar, cosas que dar, cosas que tomar, cosas que te hacen lindo, cosas que te dan onda, cosas que te hacen popular, cosas que te hacen sexy, cosas divertidas, cosas que son atrevidas, cosas que vivirán tu vida en tu lugar para que no tengas que ir a ningún lugar ni hacer nada. Nuestras vidas están llenas de cosas.

El problema surge cuando estas cosas en realidad dañan a los niños porque ellos no pueden descifrar la falta de valores positivos en las cosas, o cuando no se dan cuenta de que se están volviendo adictos a las cosas. Analícelo, existe una evidencia abrumadora de que la violencia en los video juegos y en los programas de televisión vuelve a la gente más violenta, lo cual confirman más de 1,000 estudios.[1] Un estudio reciente de la

Universidad de Michigan informa que "la exposición repetida de los niños a televisión y video juegos violentos es el indicador más fuerte de violencia en la adultez", por encima de cualquier trasfondo socioeconómico o problema de abuso.[2] Sin embargo, estos genios creativos usan su creatividad para descubrir cómo hacer que la sangre salpique de manera más realista en la pantalla para vender más productos. Ellos saben que daña a los jóvenes, que les hace daño a largo plazo, hasta la adultez, pero lo hacen de todas maneras. Yo digo que son terroristas. Terroristas de la virtud. Les dan a nuestros hijos caramelos con veneno adentro y hacen dinero muertos de la risa.

Considere el sexo en los medios. Su único uso es vender más cosas y obtener más índices de audiencia (para vender más cosas). La pornografía suave y las referencias sexuales rozan constantemente la pantalla, ya sea en horarios regulares donde toda la familia ve televisión (con un promedio de 6.7 veces por hora)[3] o en MTV (hasta 3,000 veces por semana).[4] Todo esto se hace para ganar dinero. Ellos dicen que el contenido sexual no afecta a los niños, pero hay varios estudios que demuestran lo que usted y yo, gente con sentido común, hemos sabido durante mucho tiempo: sí les afecta. De hecho, la empresa Rand Corporation dice que los niños expuestos a letras y programación de los medios con referencias sexuales son dos veces más propensos a involucrarse sexualmente que aquellos que no. Son dos veces más propensos a tener relaciones sexuales en la adolescencia, contraer una enfermedad o quedar embarazadas las chicas.[5] Algunos de estos adolescentes contraen enfermedades malas y nunca podrán tener hijos; algunos sufrirán dolor por el resto de sus vidas y otros inclusos morirán de una enfermedad de transmisión sexual mientras que otros tendrán hijos siendo muy jóvenes, con muchas probabilidades de criarlos en un hogar destruido y todo porque alguien quería ganar dinero. ¿Se da cuenta usted de por qué les llamo terroristas de la virtud? Están arrancado todo tipo de virtud moral a nuestros adolescentes en nombre de la libertad económica.

Siguen soñando con nuevas cosas para ver si pueden generar un hambre por la misma. Están llegando a niveles más extremos de depravación, con la esperanza de levantarse por encima de los montones de productos que se venden a los adolescentes. Piense en el cineasta que mostró la violación de Dakota Fanning, una chica de 12 años en una película titulada Hounddog.[6] Hicieron la película (¿qué dice eso de sus padres, que le permitieron hacer la película?) y luego la presentaron en el festival de cine Sundance y trataron de venderla a distribuidores cinematográficos. Recibió mucha atención de los medios pero afortunadamente, nadie ha decidido distribuirla todavía. Pero ¿qué dice eso acerca de nosotros como sociedad que ellos pensaron que podrían comercializarla aquí?

## Lo que saben los soñadores

¿Por qué cree usted que Bill Gates solo permite a sus propios hijos 45 minutos al día en la Internet?[7] ¿Supone usted que él está intentando impedir que se conviertan en parte del 98 por ciento que sigue a la cultura? ¿Cree usted que él percibe la naturaleza adictiva del entretenimiento en el Internet? Quizá es por eso que él se niega a permitir que sus hijos sean sorbidos por aquello que él hizo que fuera de muy fácil acceso para las masas. ¿Y qué de Steven Spielberg y Tom Cruise, que no permiten a sus hijos ver más de una hora de televisión cada día?[8] ¿Qué saben ellos de la televisión que nosotros no sabemos? ¿Están ellos asegurándose de que sus hijos no se conviertan en "zombis de la cultura"? Ellos mismos no son parte de este 98 por ciento y no quieren que sus hijos sean parte del mismo.

Cuando pensamos en el 2 por ciento que dirige nuestra cultura, nos vemos obligados a preguntarnos, ¿acaso no somos *soñadores* nosotros? ¿Las únicas personas que pueden involucrar a nuestros hijos son los pervertidos y buscadores de dinero? ¿No podemos tener un sueño diferente para nuestros hijos y para todos los niños de nuestras comunidades? ¿No pueden ser más creativos y convincentes los que siguen al Creador del universo que aquellos que tienen un don creativo pero que, con el objetivo de ganar millones de dólares, lo ejercen de una manera que hiere a las personas? ¿Por qué parece que solo la gente secular es parte del 2 por ciento? ¿Dónde está la gente con valores cristianos y piadosos que está soñando y moldeando a esta generación? ¿Somos *soñadores*? ¿No podemos tener un sueño para nuestros hijos y para los hogares en los que quieren criarlos que sea más fuerte que la cultura destructiva que los rodea?

¿No podemos tener sueños que protejan los corazones y las vidas de nuestra joven generación? ¿Somos *soñadores*? ¿No podemos pensar en un sentido lo suficientemente amplio en cuanto a los jóvenes de manera que cuando se involucren en nuestra iglesia y ministerio juvenil estén tan consumidos y envueltos por una cultura de cristianismo ferviente que se desenamoren de las cosas del mundo? ¿Somos *soñadores*?

¿No podemos tener voz al moldear la cultura de la nación completa de manera que nuestros valores sean atractivos y convincentes? ¿Podrían en realidad los sueños provocados por nuestros valores atraer a las personas a nuestros valores y a Aquel que moldea nuestros valores, es decir, el mismo Señor? De eso trata este libro: provocarnos a todos a soñar a nivel de familia, a nivel de iglesia y a nivel nacional. Llegó el momento de que una nueva generación de *soñadores* se levante y se una. Es nuestra voz que determinará si vamos a ser parte del 98 por ciento o del 2 por ciento. ¿En qué porcentaje estará usted?

Todos los que se atreven a aventurar en un viaje emocionante de moldear la cultura, tanto para nuestros hijos como para toda su generación, sigan leyendo y prepárense para la aventura más impresionante de su vida, porque los *soñadores* son aquellos que desencadenan la revolución.

Para obtener la experiencia completa de ReCrear, visite www.battlecry.com donde encontrará videos y más información.

# 3

# EL DOMINIO INSIDIOSO DE LA CULTURA

La palabra latina para "insidioso" se traduce "yacer en espera de." Si analizamos detenidamente, comenzaremos a percibir rasgos de un plan insidioso en nuestra cultura que está diseñado para enmarañar y engañar. Este plan lo diseñó un enemigo insidioso cuya naturaleza es traicionera y engañosa. El plan se realiza de una manera discreta, aparentemente inocua, pero en realidad puede tener un efecto grave, como una enfermedad no detectada.

Este plan atrae a nuestros hijos (y a nosotros) a su trampa al llevarnos a niveles de entretenimiento y aventura más altos de lo que jamás hayamos conocido. Luego nos clava sus garras en el cuello y nos ahoga hasta dejarnos sin vida. Demasiado a menudo, hasta los hogares "cristianos buenos" se han visto invadidos por una cultura amoral de destrucción. Pero demasiados lo han descubierto, muy tarde y luego de vivir una pesadilla en la vida familiar que resultó ser un infierno viviente.

Hasta las *buenas* familias están perdiendo sus hijos.

Nuestra cultura está plagada de historias de jóvenes que han mostrado un comportamiento destructivo, incluso aquellos criados en familias "decentes". A veces esta conducta es aislada y otras veces la conducta amenaza la vida de otros. En los últimos años algunas de las mayores atrocidades han sido perpetradas por adolescentes. A menudo estas atrocidades son todavía más chocantes cuando consideramos la integridad de las familias que criaron a los jóvenes involucrados. De alguna manera estos jóvenes no captaron los valores de sus padres. Ya sea que los padres trataron o no de inculcar estos principios a sus hijos, es obvio que los valores que pertenecen a una generación sencillamente no están siendo transmitidos a la próxima. Veamos algunas instantáneas de lo que está sucediendo en nuestra cultura juvenil.

## Matthew Murray

El 9 de diciembre de 2007 vimos asombrados los reportes de otro pistolero que atacó una iglesia, hiriendo e incluso matando a algunos de los miembros. Esto fue solo unas horas después de que el mismo pistolero matara a dos miembros del personal en el campus de Youth With A Mission (YWAM--JUCUM) en su localidad. El asesino,

Matthew Murray, fue criado en un hogar cristiano. Ambos padres eran miembros activos de su iglesia y ávidos seguidores de predicadores cristianos muy conocidos. Criaron a sus dos hijos varones en un programa cristiano de enseñanza en la casa hasta que fueron lo suficientemente mayores como para seguir su propio camino en la vida. Un hijo escogió ir a una universidad cristiana mientras que Matthew escogió asistir a YWAM y luego trabajar como parte del personal en un programa juvenil de YWAM. Por afuera Matthew y su familia parecían tener todo a su favor. Pero la vida interior de Matthew estaba poblada de confusión y desánimo.

Ya que Matthew no está vivo, nadie puede saber realmente qué pasaba dentro de él, pero los escritos de su diario indican que realmente estaba buscando la verdad en una fuente oscura de enseñanzas, mensajes tan diversos como los de la iglesia cristiana, hasta letras de la controversial artista de rock Marilyn Manson hasta los escritos del fallecido ocultista británico Aleister Crowley. Sin embargo, incluso antes de que Matthew comenzara a escuchar a Marilyn Manson, existe cierta evidencia de que a los 17 años estaba deprimido e incluso tenía tendencias suicidas 17. ¿Qué pasó? ¿Cómo un joven criado en un hogar cristiano no solo llegó a tener tendencias suicidas sino que al final se convirtió en homicida?[1]

## Eric Harris y Dylan Klebold

En los últimos años han ocurrido muchos tiroteos en los Estados Unidos, pero ninguno ha estremecido ni impactado al mundo como la masacre de Columbine High School, cerca de Denver, Colorado, en 1999. Después de asesinar a 12 alumnos y un maestro, y de herir a otros 23, Eric Harris y Dylan Klebold se suicidaron y sellaron la bóveda de su travesía en este horrible día de la historia. Sin embargo, luego de examinar a las familias de ambos muchachos, no hay nada extraordinario que levante sospechas de una conducta violenta en estos muchachos.

El padre de Eric estaba alistado en la fuerza aérea, lo que requería reubicarse, algo que cualquier familia militar hubiera experimentado. Después de retirarse, se mudaron a Littleton, Colorado, donde él trabajaba para una empresa que fabrica simuladores de vuelo militares. Su esposa trabajaba para un servicio de comidas local. Los padres de Eric trataron de imprimir su gran ética de trabajo en sus hijos y siempre apoyaban sus actividades deportivas. Sus amigos los conocían como "padres buenos". No fue hasta que Eric llegó a la secundaria que sus padres comenzaron a notar alguna razón para preocuparse por su conducta, lo cual les hizo llevarlo a un psiquiatra.

Los miembros describían la familia de Dylan como "la familia perfecta". Ambos padres se graduaron de la Universidad Estatal de Ohio. Su papá era un agente de bienes raíces y su mamá una consejera de trabajo. La familia asistía a una iglesia luterana y los dos hermanos Klebold terminaron sus clases de confirmación de acuerdo a la tradición luterana. Además guardaban varios rituales judíos en casa porque la mamá de Dylan tenía una herencia judía fuerte. Lamentablemente, a pesar de una fuerte influencia religiosa y de padres que daban mucho apoyo, Dylan terminó con su vida sumergida en un mundo de violencia y odio.[2]

## Jamie Lynn Spears

Cuando solo tenía seis semanas de nacida, Jamie Lynn Spears comenzó a seguir a su hermana mayor por el mundo del espectáculo mientras Britney actuaba en un show titulado *Ruthless* [Implacable]. A los diez años, Jamie Lynn siguió los pasos de su hermana al aparecer en un comercial de Clorox, lo que dio lugar a un remolino de apariciones en televisión y papeles habituales en series cómicas por televisión. Incluso antes de que Jamie Lynn naciera, sus padres siempre fueron trabajadores y comprensivos. Pagaron por las clases de canto, danza y gimnástica de Britney, sin importar los desafíos financieros que eso implicara.

El padre de Jamie Lynn era contratista de construcción y su madre, maestra de primer grado. Trabajaban duro para mantener a sus hijas en escuela privada además de las actividades extracurriculares. Ellos le dieron a Jamie Lynn el mismo apoyo que tuvo Britney, que fue lo que la ayudó a alcanzar un papel prominente en la comedia televisiva *Zoey 101*. Sin embargo, la carrera de Jamie Lynn quedó truncada a los 16 años con la noticia de su embarazo en diciembre de 2007. El padre es un chico de 19 años que conoció en la iglesia y con quien se fue a vivir un poco antes de que se anunciara el embarazo. Aunque Jamie Lynn es una estrella, su historia no difiere de muchas otras chicas adolescentes del país, muchas que también provienen de buenas familias.[3]

## Ben Thompson

A veces los hijos de los pastores se meten en más problemas que todos los muchachos de la iglesia juntos. Sin dudas Ben Thompson demostró ser uno de esos muchachos. A pesar de que sus padres habían sido pastores durante 30 años, Ben no obstante se las arregló para verse en medio de una guerra de pandillas con los Crips, una de las pandillas más famosas de Norteamérica. Se involucró en tiroteos desde autos y resultó herido en más de una oportunidad. A pesar de que escapó de la vida de pandillero, Ben siguió involucrado en actividades destructivas. Después de abrir su propia línea de ropa, comenzó a promocionarla en clubes nocturnos en el sur de California, donde quedó atrapado en el abuso de alcohol y drogas así como en la actividad sexual. Se volvió adicto a la droga Speed (anfetaminas), tuvo intentos suicidas y embarazó a una chica que al final perdió el embarazo. Aunque se volvió a sus padres y a Dios en busca de ayuda luego de tocar fondo, la pregunta sigue en pie: ¿Cómo fue que llegó ahí?[4]

Parece que el mundo entrenó más a este muchacho que sus padres.

# Un eslabón común

Algo que todas estas trágicas historias tienen en común es que los chicos fueron criados en "familias buenas que van a la iglesia". Ya sea que estas tragedias tuvieron la ayuda de la influencia de sus amigos o el dominio de los medios, cada uno de ellos fue de alguna manera manipulado e inundado por las influencias que le rodeaban. Estas influencias moldearon sus valores más que sus padres y que la iglesia. Mientras usted lee esto, es probable que pueda pensar en algunos muchachos de su iglesia que se metieron en problemas terribles o que experimentaron algún tipo de tragedia. El asunto es que no siempre uno puede medir el efecto que tiene la cultura en una persona joven hasta que es demasiado tarde. Sin embargo, esta influencia puede, sin embargo, colarse y destruir las vidas. Como padres y adultos, tenemos que ser los que vemos venir al enemigo. Tenemos que ganarle la partida a la cultura y proteger a nuestros hijos de esta entidad en nuestros hogares y comunidades que tiene el potencial para destruir sus vidas.

Para obtener la experiencia completa de ReCrear, visite www.battlecry.com donde encontrará videos y más información.

34

# 4

# CÓMO DEJAMOS QUE LA CULTURA ENTRE A NUESTROS HOGARES

Un hombre toca su puerta. En cuanto le abre la puerta, usted reconoce haberlo visto en los carteles por todo el pueblo. Acaba de escapar de la cárcel que está cerca de su casa. Se sabe que es un ladrón y un depredador sexual de niñas. Él le pregunta si puede entrar al cuarto de sus hijos adolescentes para pasar un rato con ellos. Por supuesto que usted le dice: "¡De ninguna manera!", entonces le pregunta si puede entrar a la sala de su casa y pasar un rato con sus hijos sin que usted esté presente. Usted dice: "¡Claro que no!" Así que finalmente él se conforma con pasar un rato con toda la familia mientras ustedes ven una lista interminable de programas televisivos populares esa noche mientras ustedes pasan juntos "tiempo en familia".

Si no dejaríamos que ese hombre entrara a las habitaciones de nuestros hijos (ya sea hombre o mujer), ¿por qué dejamos que un televisor o una computadora habiten en los cuartos de nuestros hijos? Estos ocupantes modernos del tiempo dispensan un caudal de entretenimiento contaminado plagado de los mismos valores que mueven al visitante que toca a la puerta de su casa. ¿Por qué dejaría usted entrar a toda esa gente en su casa? En muchos casos, los padres han hecho eso mismo. Cada vez que permitimos que los medios no supervisados entren a nuestros hogares y en las mentes de nuestros hijos, hemos invitado a un terrorista a nuestra casa. Examinemos cómo estos terroristas siembran sus valores en nuestros preciosos hijos.

## Juegos de video

Estudios recientes revelan las siguientes estadísticas acerca de los juegos de computadora y video:

- En la actualidad el 79 por ciento de los niños norteamericanos juegan juegos de computadora o de video de forma habitual.[1]
- El 67 por ciento de los hogares con niños tiene equipos para juegos de video.[2]
- Los niños juegan juegos de video un promedio de 8 horas semanales.[3]
- Las ventas de juegos de video producen $17.9 mil millones de dólares al año.[4]

- El 80 por ciento de los juegos de video que juegan los niños muestran agresividad o violencia.[5]

Con solo analizar estos datos usted puede ver la entrada para que una parte insidiosa de nuestra cultura legue a nuestros hogares. Creemos que solo estamos comprando juegos para nuestros hijos, para que jueguen y se mantengan ocupados, o quizá porque ellos creen que está en onda y "realmente lo quieren y todos sus amigos lo tienen", así que nosotros accedemos y decimos: "Está bien, tú también puedes tenerlo". Lo menos que imaginamos es que lo que realmente estamos haciendo es accediendo a los valores del mundo.

## Computadoras

Piense en todos los sitios web y sitios comunitarios como Facebook y MySpace. Solo en MySpace, de los 110 millones de usuarios, aproximadamente 13 millones están entre las edades de 12 y 17.[6] Facebook tiene más de 70 millones de usuarios activos, de los cuales aproximadamente 4 millones están entre las edades de 12 y 17 años.[7] Considere solamente el número de chicos en esos sitios que abren sus corazones a "amigos" sobre los cuales los padres no tienen la menor idea. Por supuesto, todos hemos escuchado hablar de los depredadores por Internet. Una historia reciente de CBS News reportó lo siguiente:

Tanto como siete niñas de Middletown, Conn., fueron asaltadas sexualmente por hombres que conocieron en MySpace y quienes mintieron con respecto a su edad, dijo la policía. Las chicas tenían entre 12 y 16 años y las autoridades dijeron que los hombres que las tocaron o tuvieron relaciones sexuales con ellas mintieron al afirmar que también eran adolescentes.

Dos investigaciones relacionadas con asesinatos no resueltos también involucran a MySpace: el caso de Kayla Reed, de 15 años, cuyo cadáver fue encontrado en un canal cerca de su hogar en Livermore, California y el caso de Judy Cajuste, una chica haitiana de 14 años residente de Roselle, N.J.

El cadáver de Cajuste fue encontrado en el basurero de un parque, muy hinchado y posiblemente desfigurado, según informaron fuentes cercanas a la familia. Se supuso que su cadáver era el de una persona adulta, por lo que la madre soltera de Judy no fue notificada sino hasta más de una semana después.[8]

Leemos muchas historias relacionadas con niños que posan en Internet en fotos explícitamente sexuales, como las ven en revistas. Además, acaban conversando horas y horas con gente que no conocen. Hasta hemos oído algunas historias recientes de chicos que se han suicidado debido a mensajes que han sido dejados en su sitio web.[9]

Hay adultos que pasan horas en el Internet, y también existen mundos virtuales para los niños. Algunos ejemplos incluyen Disney's Toontown Online, Nickelodeon's Nicktroplis, Club Penguin y Final Fantasy XI. Los mundos virtuales son sencillamente sitios en línea que te permiten fingir que eres otra persona mientras buscas relaciones falsas con otras personas que hacen lo mismo. Es difícil de controlar. ¿Están los niños realmente haciendo amigos en estos sitios o están pasando tiempo con depredadores? ¿Qué tipo de valores están descubriendo? ¿Qué tipos de conversaciones están teniendo? Esto es solo otro ejemplo de una entrada bien abierta para una parte negativa de la cultura de hoy.

## Teléfonos celulares

Los teléfonos celulares son una enorme vía de comunicación para los chicos, al igual que una entrada personal para que los medios se conecten con sus hijos adolescentes. Gran parte de los mensajes de textos que hacen los jóvenes, aunque parecen inocentes, pueden ser un gran laberinto de problemas. Las conversaciones que tiene mediante el envío de mensajes de texto, sin supervisión, pueden llevar al intercambio de muchas palabras y conceptos que le horrorizarían a usted. De hecho, muchos de los maestros depredadores de los que hemos escuchado en las noticias comenzaron su relación con alumnos más jóvenes mediante los mensajes de texto.

- A menudo los padres les dan a los hijos teléfonos celulares como una medida de seguridad.
- Los teléfonos celulares dan a los depredadores confidencialidad y tiempo para preparar a los niños para las relaciones sexuales.
- Las demandas recientes de abuso sexual de maestros a alumnos implica los mensajes de texto y el uso de los teléfonos celulares. Los expertos recomiendan limitar los servicios en los celulares de los niños.

Considere este artículo reciente sobre el tema:

Y sucedió otra vez. Una maestra es acusada de tener relaciones sexuales con un alumno y como muchas veces antes, se dice que las llamadas por teléfonos celulares y los mensajes de texto han jugado un papel en el abuso sexual de un menor.
Los mismos teléfonos celulares que los padres compran como dispositivos de seguridad para sus hijos, son los aparatos que los pedófilos y los depredadores usan para preparar a los chicos para encuentros de tipo sexual, señalan la policía y los expertos. . . .

La atracción cortejo vía mensajes de texto, llamadas por el celular y el correo electrónicos es tan sutil, produce tanto reconocimiento y es tan indulgente que para cuando un maestro pide algo que involucra desnudez, es probable que el chico o la chica no se alarme, afirmó Ramsey.

"Ellos apoyarán una conducta que el padre o la madre no apoyarían, y el muchacho tiene la oportunidad de hacer cosas que no puede hacer en casa", dijo Ramsey. "Eso es el sueño de un adolescente...".

Cuando ella comenzó a enviar pornografía por correo electrónico y mensajes ilícitos, él confiaba en ella. "Ella me preguntaba si yo era virgen" cita la policía que dijo el chico. Y ella comenzó a preguntarle sobre su interés en saber sobre sexo oral, señalan las notas de la policía...

"Si usted cree que sus hijos están protegidos porque saben que si les tocan en sus partes privadas o que si alguien se desviste frente a ellos o intenta realizar un acto sexual es lo único malo, entonces no van a estar preparados para la parte sutil, la de la preparación", dijo Thompson.

Y hay algo más que Thompson recomienda. Limite las posibilidades del teléfono celular. Deje que solo pueda hacer y recibir llamadas de los padres y del 911.

"Yo sé que la presión de la sociedad es que los padres le compren a sus hijos el teléfono más nuevo con todos los dispositivos que existen", dijo Thompson, "pero proteger a su hijo es más importante que cumplir con todas las presiones sociales".[10]

## Amigos

Es imprescindible saber con quién pasan sus hijos la mayor parte del tiempo. ¿De qué se habla en la escuela? ¿Qué se dice en los cuartos de vestuario? ¿Quiénes son sus mejores amigos? Y en particular, ¿qué está pasando en las fiestas que duran toda la noche y cuando se quedan a dormir en casa de un amigo, incluso cuando son jóvenes? ¿Se están quedando con sus amigos toda la noche?

La mayoría de los padres no imagina que tiene algún tipo de control sobre lo que se consideran actividades "normales" en las vidas de sus hijos. ¿Cómo pueden los padres controlar quiénes son sus hijos y qué hacen? ¿Cómo es posible que los padres puedan saber lo que se dice o lo que se hace cuando sus hijos pasan la noche en la casa de otra persona? Todas son preguntas difíciles, pero no son incontestables.

Necesitamos despertar al hecho de que lo que parece ser "la manera normal en que crecen los niños" puede en realidad dar entrada para que la cultura comience a moldear sus mentes y sus corazones.

## Lectura simplista

Muchas de las revistas dirigidas a adolescentes no son más que propaganda que promueve a los íconos de la cultura pop y valores a la fuerza que se transmiten del editor al lector. *Seventeen, Teen People, Cosmo for Girls,* y una enorme cantidad de revistas de música y de cultura popular para chicos les mantienen deseosos de tener más de esa cultura. A primera vista, podemos pensar que son simplemente revistas de moda y de glamour, pero en realidad están impartiendo una dosis grande de la cultura contra la cual sería mejor inocular a sus hijos.

Por ejemplo, un número reciente de la revista *Seventeen* salió con pornografía evidente: fotografías de los genitales femeninos con todas las preguntas que una chica debe hacerle a su mamá en la privacidad de su propia casa. Algunas de las preguntas eran: "¿Si estuviera embarazada tendría la menstruación? ¿Cuál es el mejor momento para tener relaciones sexuales? ¿Es normal pensar mucho en el sexo? ¿Es normal tener granos cerca de la vagina?" En otro número de *Seventeen*, el artículo principal era: "¿Cómo saber si eres lesbiana"; el segundo artículo era: "Cómo decirles a tus padres que eres lesbiana"; y el tercer artículo era: "Cómo tener sexo lesbiano seguro". Cuando menos, este tipo de revistas está ocupando el tiempo de su adolescente con información embrutecedora sobre qué está haciendo esta estrella o la otra; cuando más, están inculcando los valores equivocados en nuestros hijos con mucha iniciativa.

En diciembre de 2007, Sean Hannity nos invitó a mi hija Charity y a mí a participar en su programa para un debate con Julia Allison. La señorita Allison es la editora principal de la revista *Star*, una de las muchas publicaciones en Norteamérica que promueve los valores que continuamente vemos cómo destruyen a nuestras preciosas hijas. Sean me pidió que debatiera el impacto que tiene en los jóvenes el contenido sexual de anuncios, revistas y películas. Luego me pidió que entablara un debate con la señorita Allison, ya que ella es una firme defensora de los derechos sexuales de los adolescentes.

La señorita Allison afirmó intensamente que "realmente no podemos esperar que los jóvenes no tengan relaciones sexuales". La forma en que comunicó su parcialidad no fue sutil para nada, desde su punto de vista, no hay nada de malo en que los adolescentes se involucren sexualmente. Para ella, la idea de que cualquier padre pueda impedir a sus hijos tener relaciones sexuales es absurda y ridícula. La terrible realidad es que esta misma persona escribe los artículos que la mayoría de nuestras hijas en los Estados Unidos leen cada semana.

## Música, televisión y películas

Todo lo que ya he mencionado está bajo la cobertura del entretenimiento. Pero en particular, el entretenimiento en forma de películas, televisión y música es lo que está moldeando a nuestra joven generación. Aunque los consideramos entretenimiento, en realidad son entretenimiento informativo. Imparten valores e información sobre el mundo, quizá información sobre la vida, que sus hijos no están listos para procesar y absorber.

El problema es que hay demasiados padres que usan estas vías para mantener a sus hijos ocupados y para que presencien solo una parte de la cultura "inevitable" en la que vivimos. La televisión, por ejemplo, transmite unas ¡20,000 escenas de sexo que el joven habrá visto cuando se gradué de la secundaria![11]

Dele un vistazo a estas estadísticas:

- Las películas tienen un 87 por ciento de probabilidades de presentar material sexual.
- Más de 3 de 4 norteamericanos dice que la manera en que los programas de televisión muestras el sexo anima a tener una conducta sexual irresponsable.
- El 64 por ciento de todos los programas incluye contenido sexual y solo el 15 por ciento menciona la abstinencia, la protección y las consecuencias.
- El 59 por ciento de los padres dicen que sus hijos varones de 4 a 6 años imitan la conducta agresiva de la televisión.
- El 60 por ciento de los padres dicen que les preocupa "mucho" la cantidad de sexo a la que están expuesto sus hijos en la televisión.
- Entre los programas con contenido sexual, se muestran 5 escenas por hora en sentido general, 5.9 escenas se muestran en horario estelar, 6.7 escenas por hora en programas para adolescentes.
- El 83 por ciento de los niños, de 8 a 18, tienen al menos un equipo de juegos de video en casa; el 31 por ciento tiene 3 o más equipos; y el 49 por ciento tiene equipos de juegos de video en sus habitaciones.
- Más del 80 por ciento de los niños viven en hogares que tiene servicio de televisión por cable o satélite.
- Los niños norteamericanos, entre las edades de 2 a 17, ven televisión un promedio de 25 horas semanales o de 3 horas al día. Casi 1 de cada 5 ve más de 44 horas de televisión por semana.
- Como promedio, los jóvenes pasan casi 4 horas diarias viendo televisión y videos.[12]

La idea es que cada vez que sus hijos ven una de estas cosas, no solo están absorbiendo los valores de los creadores, los soñadores, de estos productos.

## Asesinos de sueños

Si vamos a ser parte del dos por ciento de los soñadores que moldean al mundo, y si vamos a criar hijos que sean parte de ese dos por ciento, tenemos que asegurarnos de que no sean absorbidos por el 98 por ciento. No solo debemos ser nosotros los soñadores, sino que también debemos enseñar a nuestros hijos a ser los soñadores de su propia generación. Observe este pasaje de la Escritura: "...tendrán... visiones los jóvenes" (Joel 2:28). Nuestros jóvenes necesitan tener una visión de cómo Dios puede usarlos para cambiar su generación y marcar una diferencia en el mundo.

Cada vez que ellos miran, escuchan y participan durante una hora, dos horas, tres horas, cuatro horas de un sitio web, una película, una revista, sus corazones están siendo robados por el sueño de otra persona, aunque solo sea por ese lapso de tiempos y estos adolescentes dejan de crear una cultura para sí mismos. El asunto es que o somos nosotros lo soñadores o seremos parte del sueño de otra persona. Cada vez que permitimos a nuestros hijos ver, sentir, tocar y abrazar esta cultura, ellos se convierten en parte de un sueño que le pertenece a otra persona. Cada película, cada canción, cada sitio web y cada revista fue, en algún momento, el sueño de una persona. Cuando pagamos la entrada para ver una película, durante esas dos horas somos parte del sueño del cineasta. Al permitir que nuestros hijos se sumerjan en la cultura, ellos quedan encantados y fascinados en el vasto océano de los sueños de otros que les roba la aptitud para soñar sus propios sueños.

Nuestra función no solo es protegerlos del torbellino de una cultura negativa y destructiva sino inspirarlos a ser los que sueñan. No debemos ser gente que a ciegas vaya al combate contra todo en la cultura con la esperanza de cambiar algo. No va a funcionar. Pero podemos y debemos crear una *nueva cultura* en nuestra familia que de veras trascienda a la cultura pop para que nuestros hijos puedan discernir claramente la diferencia y ser lo suficientemente sabios como para evitar ser seducidos.

Debemos ser cuidados con lo que invitamos a nuestra sala a nombre del entretenimiento. Si usted deja que entren las cosas equivocadas, estos terroristas seducirán a sus hijos, les impartirán valores equivocados y al hacerlo, inyectarán un veneno a la visión del mundo que tienen sus hijos que puede acompañarles por el resto de sus vidas. Si podemos percibir los peligros de la cultura depravada que nos rodea por todas partes, de seguro que somos lo suficientemente inteligentes como para no invitar a un terrorista a nuestra sala.

# 5

# *UN TABLERO CULTURAL PARA SU FAMILIA*

Es fácil debatir la idea de lo que hacen otras personas. Usted realmente no es parte de eso, a usted realmente no lo moldea la cultura del mundo. Todos tenemos el potencial de ser engañados y moldeados por lo que vemos y oímos. Es fácil pensar: "Bueno, Ron, usted está hablando de todas esas familias a quienes nada les importa". Estoy seguro de que los padres del capítulo 3 decían lo mismo. Así que voy a darle algunas ideas prácticas en este capítulo para ayudarle a ver cuánto la cultura puede estar afectando a su familia. Esto es algo que debe tener a la vista para ver si la cultura ha comenzado a predominar en su vida y en la de su familia o no.

## ¿Cuántos televisores tiene usted?

Algunos padres piensan que es una bendición para sus hijos darles algo que ellos nunca tuvieron cuando eran pequeños. Un equipo de medios de comunicación personal que alimente a un niño día y noche en su habitación (hasta supe del líder de un ministerio que le permite a su hijo ver películas con su novia, en su cuarto, en la cama, con la puerta cerrada) no es una bendición. Katie y yo podíamos habernos permitido el poner un televisor en el cuarto de cada uno de nuestros hijos o darles equipos de música siendo muy pequeños o llenar sus vidas con juegos de video. Pero no queríamos darle un acceso fácil a los medios y arriesgar que se volvieran adictos a estos. En el equipo de televisión de nuestra familia, cuando los chicos eran pequeños, sintonizábamos unos tres canales medio chirriantes. Sin dudas que podíamos haber tenido satélite o cable, pero no queríamos que el mundo invadiera nuestra casa y tomara a nuestros hijos como rehenes. Creo que muchas de las comodidades que muchas personas consideran una necesidad son más una maldición que una bendición. Por otra parte, necesitamos tener cuidado cuando justificamos tener el cable *por los niños* cuando en realidad estamos hablando de los deportes y las películas que *nos* gustan y *tendríamos* que sacrificarnos si decidimos apagarlo.

*¿Tiene usted reglas en cuanto a lo que sus hijos pueden ver?* Cuando nuestros hijos veían televisión, eran muy obedientes en cuanto a qué tipo de programas podían ver. Tratábamos de enseñarles *por qué* no debían ver ciertas cosas, incluso cuando eran pequeños. Por

ejemplo, no permitíamos dibujos animados que tuvieran cosas de hechicería ni programas que faltaran el respeto a los padres. Les explicábamos cómo esto era solo un truco del enemigo para hacer que todas las cosas que van contra la Biblia parecieran realmente atractivas. Confiábamos en que nuestros hijos tendrían discernimiento y hubo muchas ocasiones en las que ellos cambiaban el canal cuando algo dañino salía en la pantalla, sin que nosotros dijéramos nada. Sin embargo, es imposible predecir cuando va a aparecer un comercial obsceno o cuando un chiste de mal gusto relacionado con el sexo se va a deslizar por un programa de televisión.

*¿Tiene reglas usted en cuanto al tiempo de televisión que sus hijos pueden ver cada día?* En la época de apogeo de nuestros hijos ver televisión, veían como máximo una hora al día y quizá dos horas de dibujos animados el sábado en la mañana. Sí, también veían otros videos y películas infantiles, pero esa sustancia es algo más controlado.

## ¿Cuántos iPod u otros reproductores de MP3 tiene su familia?

¿Sabe usted qué canciones están en los iPod de sus hijos? ¿Existe un proceso de aprobación en su casa para adquirir música? ¿Le ha enseñado usted a sus hijos una "etiqueta" adecuada para escuchar música? Desde el comienzo nuestros hijos sabían, cuando obtuvieron sus primeros reproductores de CD, que nunca podían tener audífonos puestos en el auto ni cuando hubiera otras personas a su alrededor. Queríamos que entendieran que este "equipo personal de música" no iba a dominar sus vidas ni las nuestras. No íbamos a permitir que escuchar música sustituyera las conversaciones familiares.

Solo porque sus hijos quieran un equipo de música como un iPod o un reproductor de MP3 no significa que deban tenerlo. Como padre, usted necesita escoger cuándo estas cosas son adecuadas y comprender las implicaciones que traen. Estos no son solo equipos en onda que les permiten escuchar música sino también una invitación a que la música sea una parte a tiempo completo de sus vidas. Al dar tales equipos a sus hijos, usted básicamente está permitiendo que sea algo que puede dominar sus vidas.

Piense en esto con relación a cualquier tipo de medios de comunicación. Puede ser que la computadora o los video juegos estén consumiendo todo su tiempo. No se deje atrapar por la idea de que porque les está dando regalos buenos, usted es un gran padre. En cambio comprenda que estas cosas "de onda" en realidad son maneras en que los medios pueden comenzar a formar una pared entre usted y ellos, influyendo sobre ellos más que usted.

Cuando usted considere que es el momento apropiado para dar este tipo de equipos a sus hijos (como ya dije, mis hijos no tuvieron un reproductor de MP3 hasta los 16 años), el regalo siempre debe venir con condiciones. Estas pueden ser:

- Solo puedes escucharlo [x] horas al día.
- Solo puedes escuchar música que tenga mi aprobación.
- No está permitido tener los audífonos en el auto porque en el auto hablamos unos con otros.

Además, hable con sus hijos de la etiqueta para escuchar de manera que no adquieran la actitud de que porque ahora tienen esos equipos pueden verter música en su cerebro las 24 horas del día, los siete días de la semana. Como padre, usted puede crear condiciones con algunas libertades inherentes, pero aún así usted está modelando sus vidas y la cultura de su hogar.

## ¿Cuántas computadoras hay en su casa?

Espero que usted tenga directrices en cuanto a cuánto tiempo le permite a su hijo estar en línea o jugando juegos de computadoras. Nuestros hijos siempre tuvieron la regla de "una hora diaria". Para algunos de ustedes sus hijos pasarían por una retirada masiva de los medios para hacer esto porque los medios han estado demasiado involucrados en ocupar su tiempo.

*¿Hay una computadora en el cuarto de sus hijos?* Espero que a estas alturas usted haya sospechado que esto es algo que usted NUNCA permitiría. Este es un territorio peligroso. Nuestra única computadora familiar siempre ha estado en el área de la sala de estar, donde podemos monitorear fácilmente quién está en línea y cuánto tiempo (algún tipo de filtro como el software Net-Nanny puede hacer eso en su lugar). Cuando mi hija mayor se graduó de la secundaria, le compramos una Macbook (que en realidad no es una computadora en lo absoluto, sino una máquina de medios ambulante). Le dijimos que podía hacer tareas y otros proyectos en su cuarto sin estar conectada al Internet, pero cada vez que estuviera en línea, necesitaba hacerlo en un lugar público de la casa.

*¿Sabe usted que sitios han visitos sus hijos?* ¿Es esto una invasión de la privacidad? Sí, y es su derecho como padre. Usted establece las pautas desde el principio sobre cómo se va a usar la computadora y también debe conocer todos los lugares/personas/amigos con los que ellos se involucran. Esta es su función como padre. De esta manera no habrá sorpresa cuando usted revise la historia de los lugares en los que han estado en la web.

*¿Tiene usted software de protección para el Internet en cada computadora?* No es que usted no confíe en su hijo, es que no confía en el mundo. Los estudios muestran que 9 de cada 10 niños que de manera habitual hacen tareas en el Internet reciben en línea mensajes sexuales no deseados[1]. En una ocasión yo estaba sentado, atónito, en una habitación llena de líderes de ministerios y defensores de familia cuando un oficial del Departamento de Justicia nos preguntó cuántos teníamos software de protección en

nuestras computadoras. ¡Solos tres personas y yo, en un grupo de unos 60, levantamos la mano! ¡Cómo podemos quejarnos del mundo cuando no hacemos lo que podemos para proteger a nuestros hijos?

## Los medios en los teléfonos celulares

Darles a sus hijos un teléfono celular no es solo un equipo de comunicación de usted para ellos. Esto abre la puerta a un nuevo mundo de comunicación con los compañeros de maneras en las que quizá usted nunca se entere, y a todo un mundo de medios a los que pueden estar expuestos y al que pueden acceder en cualquier momento.

¿Ha habilitado usted el enviar mensajes de texto en el teléfono de ellos? Usted puede darles un teléfono que no tenga esta capacidad (o puede deshabilitarlo). Si lo hace, ellos pensarán que usted está en la Edad de Piedra, porque todos sus amigos lo tienen, pero eso podría protegerlos de conversaciones sin rumbo, especialmente con "amigos" que usted no conoce. Además los protegerá de hacer que las facturas por mensajes de texto lleguen a cientos y hasta miles de dólares. Hace poco el Washington Post reportó un historia sobre Sofía Rubenstein, de 17 años, que hace poco envió 6,807 mensajes de texto en solo un mes.[2]

Si y cuando usted decida habilitar la capacidad de enviar y recibir mensajes de texto en el teléfono celular de su hijo, déjele saber que existen límites en cuanto a la cantidad, cuándo lo pueden hacer y con quién (solo gente que usted conozca), y que usted estará chequeando sus hábitos al respecto, así como sus conversaciones, de manera regular. Nunca se dan libertades sin responsabilidad. Asegúrese de limitar o prohibir el envío de fotos por mensajes de texto.

Usted puede prohibir el envío de fotos mediante su proveedor de servicios para evitar así que sus hijos formen parte de posibles manías de envío de fotos.

Considere algunos de estos extractos de artículos recientes acerca de este tema:

### Escándalo pornográfico por teléfono celular afecta escuela de los Estados Unidos

ALLENTOWN, Pa.—La policía enfrentó una tarea difícil, sino imposible, el jueves cuando trataban de detener la difusión de videos y fotos pornográficas de dos chicas de secundaria, imágenes que se transmitieron por celular a docenas de las compañeras de aula y luego al resto del mundo…

Al menos 40 alumnos de Parkland High School que se cree que recibieron las imágenes no enfrentarán cargos judiciales siempre que muestren sus teléfonos a la policía antes del martes para asegurar que las imágenes han sido borradas. Pero los alumnos de la escuela dicen que la distribución fue mucho más amplia…[3]

## Policía: Alumnos de secundaria intercambian fotos de desnudos de sí mismo a través de teléfonos celulares

FARMINGTON, Utah—La policía está interrogando a un grupo de adolescentes acusados de intercambias fotos de desnudos por teléfonos celulares.

La policía de Farmington… dice que seis alumnos o más de la escuela Farmington Junior High se tomaron fotos y luego compartieron las imágenes de desnudos.

El padre de uno de los chicos encontró las fotos en el celular de su hijo y llamó a la policía. Los detectives dicen que los niños y niñas de 13 y 14 años interrogados dijeron que se tomaron las fotos como una broma, pero es un delito en potencia.[4]

## Afirman los expertos que el intercambio de fotos de desnudos es parte de las citas entre adolescentes

COLUMBUS, Ohio—Olvídese del intercambio de notas en el corredor, algunos adolescentes ahora usan sus celulares para coquetear y enviar fotos de desnudos de sí mismos.

Los mensajes instantáneos de texto, imágenes y video se han convertido en parte de la conducta de algunos adolescentes en el noviazgo, señalaron oficiales de la escuela y la policía.

A menudo los mensajes se difunden rápidamente y a veces llegan a sitios web públicos.

'Yo he visto de todo, desde el strip tease común hasta la realización de actos sexuales", apuntó Brian Marvin, detective de la policía de Reynoldsburg, miembro del Destacamento de Delitos Cibernéticos del FBI en Central Ohio. "Lo que a usted se le ocurra, lo hacen en casa bajo este aparente anonimato".[5]

¿Está la Internet deshabilitada en el celular de su hijo? Esto puede impedir que su hijo reciba mensajes y videos no deseados por Internet. En Inglaterra gran parte de las ganancias que se obtienen de teléfonos celulares se generan de pornografía que se descarga a los mismos y está llegando a nosotros vertiginosamente. Esto les impedirá que naveguen cuando usted no esté presente y les impedirá "comprar cosas" en la Web, como las canciones y timbres de los que usted no tiene idea (y que luego se los cobran en la factura mensual).

## Información sobre el límite de las opciones en los teléfonos celulares

### Teléfonos de AT&T

La opción "Smart Limits" se puede instalar por una cuota mensual que limita lo siguiente:

- El número de mensajes de texto e instantáneos
- La cantidad en dólares para compras de descargas (timbre, juegos y más)
- Momentos del día en que puede usarse el teléfono para transmitir mensajes, navegar por la red y hacer llamadas
- A quién puede llamar o enviar mensajes de texto el teléfono (las que reciben y las que salen) al bloquear y permitir ciertos números
- Acceso a contenido inadecuado para niños

### MEdia™ Net Parental Controls

Los controles de MEdia™ Net para padres se incluyen sin costo adicional en la mayoría de los servicios de telefonía inalámbrica. Con un equipo compatible, estos controles:

- Restringirán fácilmente el acceso a sitios móviles así como restringir la compra de contenido complementario o de suscripciones
- Restringir el acceso a sitios con contenido inadecuado para niños (filtros para el contenido)
- Impedir que los niños compren contenido complementario (como timbres, juegos y gráficos) que se facturan directamente al dueño de la cuenta (bloqueador de compras)
- Apagar un servicio específico por el resto del mes una vez que se llegue al límite
- Le permite programas los números permitidos (como el suyo y el 911) a los que el teléfono siempre podrá llamar incluso si se ha llegado al límite para ese mes (habrá una notificación de que dicha acción está restringida y que el servicio se interrumpirá hasta el comienzo del próximo ciclo de facturación)[6]

Verizon Wireless

Verizon Wireless permite a los padres revisar cuántos minutos sus hijos han usado en cualquier momento durante un ciclo de facturación. Los padres pueden escoger bloquear todos los mensajes de texto.[7]

# Videojuegos

Se aplican las mismas reglas que ya he indicado. Cuando están jugando videojuegos, ¿sus hijos están en la sala de estar (y no en el cuarto)? ¿Tiene usted una política sobre la cantidad de tiempo al día? ¿Está usted al tanto del contenido de cada juego de manera que no se practiquen "lecciones para matar" ni el tiroteo de seres humanos?

# Revisión de la invasión de la cultura en su hogar

A fin de que usted no piense que solo estamos tratando asuntos que afectan a padres "menos responsables" que usted, hágase estas preguntas y vea cuál es su puntuación:

- ¿Cuántas citas de diálogos de películas ha escuchado usted salir de su boca o de la boca de sus hijos en los últimos seis meses? (¿En durante la semana pasada?)
- ¿Cuántas citas han hecho usted o sus hijos de anuncios?
- ¿Cuántas veces ha escuchado usted: "Pero Juanito lo hace" o "los padres de Juanito lo dejan hacerlo"?
- ¿Qué pasa cuando toda su familia se reúne para ver un programa de televisión y alguien interrumpe para buscar algo o por accidente cambia el canal? ¿Cuán violenta es la reacción? ¿Todo el mundo se enfurece? ¿Gritan en voz alta: "¡Cállate!"? Esto puede ser un indicador de que ustedes están tan metidos en los medios que lo valoran más que a la gente real que está en la habitación con usted.
- ¿Se ha visto usted cediendo a las peticiones de sus hijos solo para quitárselos de encima y poder tener un poco de paz en la casa? Usted los deja ver esa película, los deja tener ese juego de video, los deja tener esa revista, los deja usar esas ropas dudosas.
- ¿Cuándo fue la última vez que usted compró algo que en realidad no quería comprarle a su hijo luego de ver tantos comerciales de que simplemente tenía que tenerlo?
- ¿Pueden sus hijos citar innumerables letras de sus canciones favoritas pero no mucho de las Escrituras?
- ¿Qué dirían sus hijos si alguien les preguntara: "¿Cuáles son las reglas que tienes para ver televisión?" o "¿Qué reglas hay en tu casa

para el Internet?" o "¿Cómo se hacen cumplir las reglas y cómo se implementan?"?

- ¿Saben sus hijos lo que está pasando ahora mismo con Jamie Lynn Spears (la hermana menor de Britney Spears) pero no tienen idea de cuáles son los valores de su familia?

- ¿Se les olvida siempre que tienen una actividad de la iglesia en una noche específica pero nunca jamás se olvidan de la noche en que está su programa favorito de televisión?

- ¿Conocen la trama de varios programas de televisión pero no tienen idea de la herencia de su familia?

Si alguna de estas tocó un punto un tanto sensible o candente con respecto a su familia, entonces quizá puede que sea verdad que haya más invasión de la cultura popular de lo que usted esté consciente. La buena noticia es que eso no tiene que seguir así. Usted puede darle un vuelco a su familia y de manera activa moldear los corazones y las mentes de sus hijos. Usted no solo puede hacerlo, sino que debe hacerlo. Es la única esperanza que tienen sus hijos en medio de una cultura que los bombardea con misiles mortales a una velocidad que una vez era inconcebible pero que ahora es una amarga realidad.

Para obtener la experiencia completa de ReCrear, visite www.battlecry.com donde encontrará videos y más información.

50

# 6

# UN TABLERO CULTURAL PARA SU FAMILIA

—¡Pero ellos no pueden evitarlo! Nacieron así y no creo que el estilo de vida homosexual tenga nada de malo —le dice su hijo de 15 años. Usted está pasmado, no puede creer lo que está oyendo de boca de su propio hijo, después de haber sido criado en su hogar. ¡Un hogar cristiano!

—Mamá, yo creo que estoy enamorada de este muchacho que tiene 17 años y quiero saber sobre la protección porque creo que estoy lista para el sexo —le dice su hija de trece años.

—Su hijo ha sido expulsado de la escuela por golpear a otro joven —le dice el director de la escuela intermedia.

—Realmente creo que este libro que estoy leyendo tiene mucho sentido y es verdad. Así que no voy a ir más contigo a la iglesia, eso solo es para cristianos anticuados y falsos —le dice su hija de 16 años que ahora es progresista.

—¿Quién dice que el aborto es malo? Yo creo que una mujer debe tener derecho sobre su propio cuerpo — dice su hija de 18 años que acaba de descubrir que está embarazada.

—¡Pero yo no te crié así! —exclama usted—. ¡Yo te crié diferente!

¿De veras? ¿Realmente la crió usted…o fueron los medios de comunicación? ¿Cómo es posible que los niños puedan crecen en los mismos hogares de personas que dicen que aman a Jesús y creen en la Biblia pero tienen valores tan diferentes?

De alguna manera hemos permitido que los medios de comunicación secuestren y laven el cerebro a nuestros hijos ¡mientras están sentados en nuestra propia sala! ¡Hemos permitido que los terrositas entren a nuestra casa!

Dónde más aprendieron que…
- ¿los homosexuales nacen así?
- ¿entregar tu virginidad antes del matrimonio es tan siquiera una opción?
- ¿golpear a un compañero es la manera de tratar con un desacuerdo?
- Si lo sienten, ¿será verdad?

• ¿El aborto es asunto de opción de la mujer y el preciado bebé que vive dentro de ella no tiene poder para negar ese tipo de decisión?

A pesar de todas nuestras buenas intenciones como padres, hay demasiados de nosotros que hemos adoptado la televisión y otras tecnologías como un entretenimiento muy cómodo y hasta como niñeras para nuestros hijos. Desde una edad muy temprana los hemos sentados frente a un programa de televisión, un video o un juego de video para poder "hacer las cosas". O habitualmente apaciguamos a un niño que lloriquea hasta que se sale con la suya para ver una película que usted sabe que tiene valores que no son piadosos. Aunque esto parece lo suficientemente inofensivo, descubrirá en una revelación crudamente estremecedora, como una de las conversaciones que se menciona, que en realidad sí es dañino. Y para cuando ocurra esta conversación, puede que sea demasiado tarde para volver atrás.

Los padres sencillamente no pueden confiar a sus hijos a las manos de aquellos cuyos valores están deformados y no tienen restricciones en nombre del entretenimiento. No pueden conceder a los fabricantes de los medios un acceso libre a sus jóvenes. En caso de que usted no se haya percatado, nosotros como sociedad hemos cruzado los límites del sentido común en lo moral. Los días de permitir sin pensar a nuestros hijos que se queden estoicos con el medio de comunicación de su preferencia se acabaron si esperamos criar esta generación con cualquier tipo de conciencia moral verdadera y con una vida íntegra y sana.

## ¿Cómo pasó?

La mayoría de las familias son familias con dos ingresos (aproximadamente el 80 por ciento de las parejas casadas en los Estados Unidos ahora tienen dos ingresos, es decir, que tanto el esposo como la esposa trabajan fuera de casa para proveer un ingreso sólido y constante para su familia[1]). Si damos un vistazo al hogar promedio con niños pequeños, es probable que veamos por la ventana un ciclón de actividades. Los padres (o el padre o la madre) levantan a los niños temprano para llevarlos a la escuela, regresan a la casa luego de un día completo en el trabajo, salen corriendo a las actividades después del trabajo, dan de comer a los niños y los bañan, y además mantienen pasatiempos personales. Pareciera como que el tiempo se nos acaba muy rápido, ¿verdad? Después de todo, la cena está en el fogón y alguien está llamando por teléfono…entonces, ¿qué hace el niño? Es verdad que muchos padres trabajan duro para que sus hijos vayan a actividades extracurriculares para ayudarles a fomentar mejores relaciones sociales. Pero ya no es como cuando usted y yo crecimos, cuando para ocupar nuestro tiempo salíamos afuera y, o jugábamos solos o con nuestros hermanos o con Juanito que vivía en la cuadra. Ahora el camino más fácil es dejar que algo electrónico absorba los momentos aburridos, en cualquier forma que sea.

Nos hemos convertido en una nación que constantemente quiere ser atraída. Nuestros hijos han crecido en una sociedad en la que un momento de tranquilidad sin emoción, en medio de una corriente constante de entretenimiento, es igual aun aburrimiento inmenso. Desde el punto de vista del padre, dejar que los niños se entretengan así constantemente también involucra el egoísmo del padre, porque no queremos oír a los niños quejándose ni lloriqueando. Para comodidad nuestra decimos: "Estoy siendo un buen padre. ¿Por qué no comprarle el próximo juego de video? ¿Por qué no dejarle ver este video otra vez? ¿Por qué no dejarle ver Nickelodeon o lo que sea?" Así que en realidad es una crianza de conveniencia. Podemos apaciguar nuestra culpa y contentar nuestro corazón diciendo: "Los otros niños lo hacen"; "Es la nueva modalidad de criar hijos"; "Oh, en esta cadena de televisión hay buenas historias y buenas enseñanzas". Pero la realidad es que los niños están siendo seducidos por una hermandad de medios y de tecnología en lugar de establecer relaciones con gente de verdad.

Papá está ocupado con su trabajo. Mamá también tiene una profesión o está ocupada siendo una mamá con un millón de detalles que atender ya que tiene varios hijos y todas las actividades de ellos. Uno trata de que estén en un equipo deportivo, pero no parecen asimilar los deportes. No hay niños con los que jugar en el barrio. Así que una tarde de programas de televisión lleva a la otra y la tendencia sigue hasta la noche. Un juego de video lleva al otro (ay, mira cómo juegan entre ellos…) cuando un amigo llega a jugar juegos de video con su hijo. ¿Realmente están jugando juntos? Un sitio web "para niños" lleva al otro. Cuando uno viene a ver, han pasado más horas con los medios que con usted cada día o cada semana, hasta más horas de las que han pasado en la escuela cuando lleguen a los 18 años. Si su hijo adolescente asiste a la escuela los 180 días del curso, 7 horas al día, tienen un promedio de 75,600 minutos en la escuela, 224,640 minutos con algún tipo de medio de comunicación y unos escasos 2,002 minutos hablando en serio con sus padres en un año. El padre promedio pasa 3.5 minutos de conversación significativa con su hijo cada semana en comparación de con 72 horas de medios por semana.[2]

¿Quién piensa usted que tendrá más influencia?

## La crianza de los hijos es un sacrificio

Nunca se supuso que la crianza de los hijos fuera fácil. Nadie ni siquiera dijo que era sencilla, carente de esfuerzos o de dolor. Si usted alguna vez pone a sus hijos en control remoto porque usted tiene todo tipo de "niñeras electrónicas" disponibles para ocupar su tiempo, usted puede decir que realmente no afecta a sus hijos pero si estos todavía están en el proceso de crecer, ¿cómo puede estar seguro? La conclusión es esta: criar hijos es igual a sacrificio.

"Pero yo no tengo tiempo", pudiera decir un padre. "Tengo tantas presiones en el trabajo, estoy tratando de proveer para mi familia". Aparentemente es una explicación razonable, pero el asunto es: ¿proveer de qué a su familia? ¿Más de las cosas que la maquinaria de los medios está tratando de vender? ¿No preferiría usted proporcionar un ambiente seguro y amoroso que imparta valores a sus hijos?

Es innegable que como padre usted tendrá que sacrificar algo. Usted puede escoger sacrificar por adelantado: tiempo, sueño, profesión, pasatiempos mientras sus hijos son pequeños. Pero le garantizo que cosechará alegría y satisfacción a medida que ellos crecen. Usted ganará una vida de conocerlos íntimamente y el privilegio de ayudarles a convertirse en adultos maduros, productivos y piadosos.

Si uno no sacrifica desde el principio, lo tendrá que hacer después. Piense en escenarios como su hija embarazada (o que su hijo embarace a alguien) siendo joven, varias veces. Imagine pasar por el divorcio de su hijo (quizá varias veces) y jugar el juego de las visitas con los yernos/nueras divorciados por el resto de su vida. ¿Puede imaginarse a un teleadicto de 35 años tirado en su sofá porque no dura en ningún trabajo?

Sus hijos serán adultos mucho más tiempo del que serán niños. Conozco a gente mayor que han tenido hijos adultos que les han causado dolor y remordimiento durante toda su vida adulta. Óigame, eso sí es un sacrificio. Incluso si uno lo hace por razones meramente egoístas, sacrificar al principio para pasar el tiempo necesario con sus hijos para criarlos bien lo protegerá de un sacrificio durante toda la vida.

## Sueñe por sus hijos

Usted puede proteger a los hijos del desastre de quedar moldeados por una generación de adultos que venden medios de comunicación, pero eso requerirá tomar decisiones. Llevará sudor. Llevará involucrarse de manera emocional y mental con sus hijos, y comenzando desde que sean muy pequeños.

Usted es el único que puede hacerlo. Usted es el único que puede ser el padre o la madre de su hijo. Hay cientos de personas a quienes les encantaría entretenerlos; hay muchos otros a quienes les encantaría tomar su dinero para ocupar el tiempo de su hijo y evitar que estén lloriqueando. Pero *usted* es la única persona que puede sembrar valores en ellos. Usted tiene la oportunidad de llevarlos a dar paseos y caminatas y a acampar. Usted es la única persona que puede tener largas conversaciones sobre la historia de su familia y sobre lo que aguarda en el futuro. Otras muchas personas pueden cuidarlos. Otras muchas personas pueden darles comidas y cambiarles los pañales. Pero ustedes serán los únicos mami y papi que ellos tendrán.

Así que mi aliento para usted ahora como padre es este: *Tenga un sueño para sus hijos.* ¿Qué tipo de hijo quiere ver usted parado frente a usted cuando tenga 14 o

15 años? ¿Qué tipo de joven anhela usted para cuando tenga 17 o 18 años? ¿Planea usted tener, o ya tiene, una casa llena de teleadictos malcriados y tontos que quieren que se los den todo como si fuera su derecho? Estoy seguro de que eso no está entre las prioridades de su lista de deseos. La mayoría de los padres con hijos así no lo planificaron. Sencillamente no hicieron nada para impedirlo. Dejaron que los medios calmaran el lloriqueo de sus hijos cuando eran pequeños y continuaron la misma rutina durante su adolescencia. No haga nada y usted recibirá lo que MTV y otros han ideado para sus hijos: un lote fresco y caliente de "tontos" y "torsos descubiertos".

Es hora de soñar lo que ellos pudieran ser. ¿Cómo quiere usted que sean sus hijos cuanto tengan 21 o 22 años? ¿Quiere que guarden su virginidad para el matrimonio? ¿Quiere que sean de corazón y mente puros? ¿Quiere usted que sean seres humanos responsables que sirvan a su comunidad? ¿Quiere que sean activos en su iglesia? ¿Quiere que hagan una contribución eterna al reino de Dios y las vidas de las personas en el mundo entero?

En esencia, ¿quiere usted que sean personas orientadas al entretenimiento u orientadas al servicio a otros? Pida una persona orientada al entretenimiento y obtendrá alguien que constantemente esté complaciendo a la carne y anhelando el próximo invento que le involucre y le seduzca. ¿Dónde están las personas orientadas al servicio, aquellos hombres y mujeres que entregan sus vidas en sacrificio por otros? Depende de nosotros como padres determinar qué tipo de jóvenes queremos y lo que será necesario para producirlos. Si usted tiene un sueño y se "amarra los pantalones" para ir en pos del mismo, estoy seguro de que usted criará el tipo de hijo del que estará orgulloso durante muchos años. Si usted se sacrifica ahora, usted cosechará bendiciones por el resto de su vida y el mundo nunca será igual.

Usted puede navegar por las aguas peligrosas de la cultura popular, pero tendrá que aprender a ser el capitán del barco. Lo que usted está a punto de leer, y espero que a punto de digerir y aplicar, protegerá a sus hijos de la parte destructiva de la cultura y le mostrará cómo sembrar valores en ellos de una manera eficaz.

El hecho de dar a luz no le hace padre o madre. El sacrificio mientras sus hijos son pequeños, entregar sus libertades "merecidas" y pensar a cabalidad cómo usted está moldeando a sus hijos garantizará una libertad de por vida de las cadenas de la esclavitud de nuestra cultura. Es trabajo y se llama amar a sus hijos. Se llama ser padre.

# 7

# ¿QUIÉN ES EL DUEÑO DE SU CORAZÓN?

Cuando sus hijos son pequeños, es fácil ver que uno todavía es dueño del corazón de ellos. Ellos lo miran a usted con una mirada de adoración, quieren agradarle a usted, en parte porque no quieren que los castiguen y en parte porque literalmente, ellos lo idolatran y creen que usted no puede hacer nada malo. En ese punto de la vida de su hijo, él o ella no ha visto muchas de sus fallas todavía. Sin embargo, a medida que su hijo empieza a crecer, su mirada de adoración comienza a palidecer. Muchas veces, entre los 6 y los 8 años, usted escuchará a su hijo decir cosas como: "Quiero ese juguete que vi en la televisión" o "Mami, ¿por qué no puedo jugar con...?" o "Juanito lo hace, ¿por qué yo no puedo hacerlo?" Todas esas son señales de que los amigos han comenzado a adueñarse del corazón de su hijo un poquito más que usted.

El cambio no es algo que ocurra drásticamente. Sin embargo, hay señales sutiles de que los amigos comienzan a tener más autoridad que usted. Sus hijos comienzan a responder a las señales que reciben de los amigos en cuanto a qué ropa usar o qué hacer en un grado mayor que a las señales que usted les da sobre el mismo tema. Desarrollan un estado de ánimo que se interesa más en agradar a sus amigos que a usted. Este patrón de pensamiento comienza en formas muy pequeñas pero cada cosita que usted ve es una señal de que el corazón de su hijo está siendo seducido y alejado de usted.

Algunas personas dirían: "Esas pequeñas cosas solo son parte del proceso de crecer". Y es verdad que la mayoría de los padres no se preocupan al respecto. Sin embargo, las preguntas que sus hijos hacen, basadas en los sentimientos de la presión que ejerce el grupo sobre por qué sus amigos pueden hacer tal cosa y ellos no, reciben respuestas como: "Porque yo no soy la mamá o el papá de Juanito, ¿verdad?" o "Solo haz lo que yo digo" o "En nuestra casa no hacemos eso." Aunque estas respuestas son en parte verdad, hay un asunto más profundo: ¿Es realmente "algo natural del proceso de crecer" que el corazón de nuestros hijos pertenezca más a sus amigos que a sus padres? No estoy tan seguro. Puede que sea una parte conocida del proceso de crecer, pero no significa que no podamos detener la ola de la transferencia de sus afectos. No significa que estemos destinados a perder a nuestros hijos ni que de seguro habrá peleas constantes con el tipo de mentalidad "¡porque yo lo digo y ya!" desde ahora y hasta que se vayan de la casa.

Los cambios pequeños que denotan una separación continúan cuando comenzamos a ver los años "locos" entre las edades de 12 y 17. Es entonces cuando solemos escuchar cosas como: "Tengo que tener ese CD, ¡está a punto de salir!"; "Tengo que ponerme esa ropa porque es lo último"; "Tengo que ver este programa de televisión"; "¡Quiero tener MTV!" Esa última declaración reveladora muestra la formación de la actitud: "Quiero que la cultura que me está moldeando siga moldeándome y quiero abrazarla". En muchas ocasiones demasiados padres han cedido solo para quitarse a los hijos de encima y acallar las quejas incesantes. Justifican este consentimiento al decir: "En realidad no es tan malo. Solo es televisión musical, ¡por el amor de Dios!, ¿verdad?" "Solo es ropa nueva" o "Sí, enseña un poquito más que la ropa que usábamos cuando éramos jóvenes, pero solo es parte de la cultura".

Todas estas señales, de que la cultura es más dueña del corazón de nuestros hijos que nosotros mismos, comienzan cuando son pequeños. Lo que eso quiere decir al final de la jornada es que la cultura tiene más impacto en nuestros hijos que nosotros. La cultura los define, es dueña de ellos y los posee. Después de todo cuando MTV dice: "Nosotros no hacemos publicidad para esta generación, somos dueños de esta generación", ¡es verdad en muchos sentido![1] Lo que ellos dicen sucede. Lo que ponen en su canal se vende. Podemos decir: "Mientras vivas en esta casa no vas a ver eso" o "No te vas a poner eso", pero tales respuestas realmente no llegan al punto de quién es el dueño del corazón de un hijo.

En algún punto en el proceso de esta deserción del corazón (pasar de la influencia de los padres a la influencia de los compañeros y de la cultura) los niños se convierten en máquinas que no quieren escuchar nada de lo que sus padres tengan que decir. No quieren hablar de las cosas con sus padres. No quieren aceptar las instrucciones de sus padres. Si lo hacen, lo hacen de mala gana y con una actitud incorrecta en el corazón. No están dispuestos a abrazar los valores que estamos tratando de que abracen.

La deserción del corazón pudiera ser una parte "natural" del proceso de crecer, pero no es inevitable si nosotros como padres nos interponemos entre nuestros pequeños y la cultura que los reclama. Quien quiera que sea el dueño de su corazón tendrá la mayor influencia en ellos.

## El medidor del corazón

Padres, son ustedes los que tienen que intervenir en las vidas de sus hijos para impedir que la cultura los arrastre. Para hacer esto necesitan desarrollar un "medidor del corazón" para sus hijos al vigilar las señales, incluso cuando son muy pequeños. Vigile quién es el dueño de la mente y el corazón de su hijo en cada etapa del crecimiento y de quién obtiene respaldo. Cuando usted comience a ver señales de que a sus hijos les interesa más lo que piensen sus amigos o la cultura que lo que usted piensa, ese debe ser un indicador de que usted debe "inclinarse más a ellos". Con esto no quiero decir que usted deba apuntarles con el dedo y decir: "Así se va a hacer". Usted tiene que inclinarse más a ellos desde el punto de vista relacional. Usted necesita atraer nuevamente sus corazones, por encima de la cultura y de sus amigos, de manera que usted sea su punto de referencia. Usted será en quien ellos busquen consejo y dirección, pero eso implica un chequeo constante de quién es dueño del corazón de su hijo. Usted puede determinar esto desde temprano por las pequeñas afirmaciones que ellos hacen.

Mientras nuestras hijas crecían, mi esposa y yo podíamos ver estas señales aparecer incluso a veces con relación a los chicos de nuestra iglesia o a los de la cuadra que jugaban con ellas. Cada vez que nuestras hijas decían algo como: "Bueno, ella puede…" tratábamos de atacarlo en el momento. Cuando digo "atacarlo en el momento" quiero decir que tomábamos conciencia de que se alzaba una bandera roja anunciando que alguien o alguna fuerza había invadido los corazones de nuestros hijos, y nosotros teníamos que intervenir rápidamente. La manera en que lo hacíamos era invirtiendo tiempo. Interveníamos y comenzábamos a pasar tiempo con ellas, hablando de las cosas que ellas pudieran estar planteando y por qué nuestros valores eran diferentes de lo que a ellas les gustaría hacer. No estoy hablando de dar un discurso tras otro con la esperanza de que algo se les quedara, sino hablando de pasar tiempo para que se estableciera una afinidad íntima que diera como resultado que a ellas les interesara más lo que nosotros pensábamos, dando así oportunidad de impartir los valores que eran más importantes para nosotros.

Es algo así como el jinete que monta a caballo. Al doblar la esquina, se inclina de cierta manera. Él observa cuidadosamente. Así es la crianza, vigilar las señales en nuestros hijos para ver quién se ha adueñado de su corazón y hacer las correcciones necesarias. Vigile los pequeños indicadores, frases o lemas que usan, citas o canciones de películas o anuncios. Entonces comience a buscar de dónde vienen las señales y vea si están pasando mucho tiempo con los amigos equivocados o con los medios equivocados. Usted ya está refrenando su consumo de los medios, como lo haría un buen padre, pero aún así, nunca ponga el piloto automático.

Cuando los niños dicen cosas como: "No me importa lo que tú digas" y nosotros comentamos: "Más vale que te importe porque así se va a hacer en mi casa", puede que tengamos éxito en controlar su conducta mientras estén en la casa, en ese momento, pero no vamos a tener éxito en ganarnos su corazón cuando no estén alrededor de nosotros las 24 horas de los siete días de la semana. ¿Qué están escuchando cuando están en la escuela? ¿Cómo se visten cuando están en la escuela? El mundo está plagado de niños que se visten de cierta manera en la casa pero en cuanto llegan a la escuela, se quitan una capa de ropa para vestirse de forma tan sugerente como quieren. ¿Están siendo obedientes a las palabras de la ley o al espíritu de la ley cuando usted establece pautas para su conducta?

Cuando se trata de asuntos del corazón, uno no puede mandar al corazón; uno tiene que conquistarlo. Nuestra función como padres es conquistar los corazones de nuestros hijos para que ellos quieran escucharnos. Si permitimos que la cultura o sus amigos los dominen, se hace increíblemente difícil ganar su respeto, pero se puede hacer.

## Conquistar el corazón de su hijo

Cuando mis hijas eran pequeñas, incluso cuando solo tenían un año, yo pasaba tiempo con ellas llevándome a una o a la otra conmigo en los viajes los fines de semana a eventos para adolescentes en estadios por todo el país. Hacíamos cosas divertidas. Por ejemplo, cuando yo tenía un receso, nos escapábamos del ocupado itinerario de predicación para ir a un parque de diversiones o a un museo infantil. Cuando crecieron un poquito más, íbamos a un concierto en la ciudad donde yo iba a hablar o salíamos a tener una cena agradable.

Durante los años de su adolescencia, yo "salía" con mis hijas de manera habitual. Cuando yo veía señales de que se estaban alejando o de que sus corazones no estaban del todo involucrados, yo me "echaba hacia atrás" y decía: "Oye, vamos a tomarnos un café" o "Me voy a levantar temprano y llevarte a la escuela para que podamos desayunar o tomarnos un café en el camino y conversar". Lo que eso quería decir, literalmente, era que yo me levantaba más temprano, como dos horas, para dar espacio a ese tiempo juntos. Era un sacrificio, pero eso se llama ser padre. He hecho lo mismo con mi hijo. Buscamos nuevas aventuras en las que podamos unirnos y construir recuerdos que comiencen a acerca su corazón hacia mí.

Ya sea que la aventura es un café tarde en la noche, incluso cuando no tengo ganas porque estoy cansado y sé que tengo que levantarme temprano; o si es una carrera de 3 o 6 kilómetros tarde en la noche con mi hija Charity al final de un día ocupado (cuando he echado el resto predicando en un servicio de lunes por la noche y acabo de llegar a la casa a las 11:30 P.M.), parte de conquistar los corazones de mis hijos significa pasar tiempo juntos. A esto yo le llamo "presionar".

Presionar significa encontrar maneras creativas y relacionales de pasar tiempo juntos para que usted no esté simplemente sentado en una habitación, sin nada más que decir que: "Hola, ¿cómo estás?" Presionar requiere que ustedes pasen mucho tiempo juntos haciendo cosas divertidas. Sus conversaciones iniciales con su hijo pudieran ser un poco torpes. Usted quiere que ellos le abran su corazón; usted quiere acercarse a ellos, pero su actitud y su falta de respuesta pudiera estar gritando: "No quiero hablar contigo. No quiero estar contigo. ¿Para qué estás haciendo esto?" Solo recuerde que esto es parte de su función como padre. Si usted ha descubierto que sus hijos realmente no hablan ni le abren su corazón, bueno, más necesita presionar. No trate de sondearlos ni de hacerlos hablar enseguida; solo siga ahí haciendo cosas tornas y divertidas con ellos.

Con el tiempo ellos hablarán. Y realmente sí quieren hablar, solo quieren asegurarse de que usted es la persona con quien ellos quieren hablar.

Hombres, comiencen a hacer esto con sus hijos. Hagan una "cita" cada semana o una semana sí y la otra no para salir a desayunar o simplemente hacer algo que a ellos les guste hacer, incluso si a usted no le gusta. Pueden jugar "Paintball" (pistolas de aire con bolas de pintura) o algún otro tipo de deporte de aventuras o ir a ver camiones monstruos o alguna otra cosa en la que no se espere que pasen todo el tiempo hablando. ¿Por qué no hacer algo totalmente inesperado como cocinar para las mujeres de la familia? Pasarán un tiempo estupendo riendo y apegándose, ¡y emocionarán a mamá!

Cuando usted presione, sus hijos pronto captarán el mensaje: "¡Vaya, papá se interesa en mí, quiere escucharme!". Puede que no suceda la primera semana o el primer mes. Puede que incluso no pase durante los primeros tres o cuatro meses, pero si usted sigue haciéndolo, lo que va a suceder naturalmente es que ellos se van a abrir, van a comenzar a abrir su corazón.

Si usted está cansado de preguntar: "¿Cómo estas?" y escuchar: "No sé"; o de preguntar: "¿Qué quieres hacer?" y escuchar: "No sé", siga presionando. Sé que puede ser desalentador, pero no se rinda. Aunque esas respuestas son la respuesta estándar de un muchacho para indicar que no está interesado en compartir mucho con usted, no se rinda. Usted no puede forzar la intimidad pero sí puede conquistarla de manera exitosa. En dependencia de cuán endurecidos estén sus hijos, o cuán controlados y manipulados por la cultura y por sus amigos, puede consumirle una inversión de tiempo significativa el poder volver a ganar sus corazones, pero no es imposible.

Recuerde, nuestra función como padres es conquistar el corazón de nuestros hijos, guardar sus corazones y luego influir sobre ellos. Cuando eso suceda, se convertirán en las personas que honren a Dios que siempre soñamos que serían.

Para obtener la experiencia completa de ReCrear, visite www.battlecry.com donde encontrará videos y más información.

61

# 8

# VENTANAS AL CORAZÓN

"¡Mi hijo sencillamente no habla! ¡Cada vez que le hago una pregunta me da la misma respuesta: 'No sé'!"

¿Es así la conversación con su hijo adolescente? Si ese es el caso, déjeme darle una idea que mi esposa y yo aprendimos cuando nuestros hijos eran muy pequeños. Se llama *Ventana al corazón* y es un concepto muy simple. Una "ventana al corazón" significa que hay momentos que surgen a veces que ofrecen una vulnerabilidad peculiar para involucrar la mente y el corazón de su hijo. Usted puede reconocer estos momentos sinceros en una pregunta o verlo en una mirada.

Cuando sus hijos dicen algo que demuestra franqueza, preste mucha atención. La franqueza pudiera llegar mediante preguntas como: "Mamá, ¿tú crees que soy bonita?" o "Papi, ¿en qué tu crees que yo soy bueno?" O pudiera ser un comentario como: "Yo creo que no le caigo bien a nadie," o varias afirmaciones que se repiten, en espera de su respuesta. En lugar de responder automáticamente: "Claro que eres linda" o "Claro que le caes bien a la gente," reconozca que se ha abierto una ventana muy amplia al corazón de su hijo y su percepción de esos momentos puede llevar a debates significativos con su hijo sobre la vida.

El problema es que usted nunca puede predecir cuándo va a aparecer una ventana al alma de su hijo. Ocurrirá en cualquier momento. La mayoría de las veces una ventana se abre en un momento inoportuno, cuando menos lo esperamos. Tenemos que estar a la caza de tales momentos continuamente y, sin dudar, entrar por la ventana. No ceda ante el pensamiento pasajero de: "Mi amor, hablemos de eso por la mañana". ¡Aproveche el momento!

En ocasiones la ventana podría sonar así: "Mamá, ¿podemos hablar?" o "Papá, quiero contarte algo". Pero la mayoría de las veces puede que su hijo simplemente comience a contarle algo sobre su día y usted tenga ganas de decirle: "Hablemos sobre eso mañana" o "Estoy demasiado cansado". El hecho es que la ventana está abierta ahora y usted no sabe si mañana lo estará. Claro, como padres estamos pensando, "¿Por qué no habría de estar abierta mañana? Mañana es un día tan bueno como hoy y yo estaré más despierto si puedo dormir un poco. Podré pensar y orar por las respuestas que quiero dar. Nada de eso tiene sentido para un chico que sufre y que solo quiere ser escuchado. Puede que al otro día usted llegue y diga: "Oye, vamos a hablar de aquello…." Y su hijo le responda con: "Ah, no, estoy bien." La ventana que ayer estuvo abierta ahora está herméticamente cerrada. Usted puede intentar abrirla todo lo que quiera, pero no se abrirá. Y no puede forzarla.

## Cómo animar una ventana abierta

La ventana al corazón de su hijo tiene una probabilidad mucho mayor de abrirse luego de que hayan hecho juntos alguna actividad que no tenga nada que ver con un tema serio. Por ejemplo, cuando juegan un juego disparatado o van a algún lugar divertido donde su hijo siente una atmósfera de amor, confianza y afecto de parte suya, es probable que la ventana comience a abrirse al final de la noche, luego del tiempo que pasaron juntos. Sí, usted está cansado. A usted le hubiera alegrado que la conversación surgiera antes, quizá durante la cena o el café, o durante una de las actividades que estaban haciendo. Pero no, su hijo quiere plantear un asunto ahora. El padre prudente verá la rendija en la ventana y entenderá la señal. Y aunque esté cansado, subirá otra vez para entrar por la ventana porque las ventanas abiertas son pocas y distantes.

Así que cuando sus hijos le inviten a hacer algo con ellos, incluso si usted no se siente cómodo, y tal vez no quiera hacerlo, el hecho de hacerlo y de hacerlo con ellos, aunque le haga parecer tonto, les dará a ellos un mensaje. Esto le une a ellos y muestra que ellos pueden confiarle a usted sus corazones.

En una ocasión en la playa una de mis hijas dijo: "Papi, vamos a nadar juntos en las olas". Yo ya había entrado al agua y ahora quería descansar. Quería leer, pero esa era la oportunidad de compartir una experiencia con ella. "El agua está buenísima, tienes que nadar en estas olas", dijo ella. Y lo hice. Me llevé la señal y respondí al hecho de que ella estaba esperando mi presencia. Lo mismo sucede con sus hijos. Cuando ellos quieren que usted haga algo con ellos, incluso cuando usted preferiría no hacerlo, hágalo de todas maneras y su hijo se conectará con usted a un nivel más profundo y será más propenso a franquearse con usted.

## Momentos inoportunos

Las ventanas al corazón por lo general se abren en momentos en los que usted no quiere que lo hagan. Muy a menudo, tarde en la noche. Por supuesto, a veces los niños son manipuladores para quedarse despiertos hasta tarde, simplemente no quieren irse a dormir todavía. Pero puede haber muchas otras ocasiones en las que son muy sinceros y realmente necesitan hablar. El hecho es que incluso si su hijo está siendo manipulador, aún así puede ser una oportunidad para un intercambio abierto. ¿Qué importa si se acuesta un poquito más tarde? Cuánto más valioso es el hecho de que usted se relacione de corazón a corazón con su adolescente. Uno no siempre puede saber si su hijo está siendo sincero, pero siempre dé a su hijo el beneficio de la duda. Una vez que la ventana esté abierta, ¡entre por ella! Las estadísticas muestran que las personas que se quitan la vida primero trataron de hablar con alguien al respecto.[1] Así que o nadie los escuchó o nadie los tomó en serio.

El número de conversaciones tarde en la noche que he tenido con mis hijas es incalculable. Por lo general sucede después de haber tenido yo un duro día de trabajo y ellas un duro día en la escuela. Me asomo en su habitación tarde en la noche y veo que están despiertas cuando no debieran. Puedo darle varios ejemplos de esto, como hace dos días, con mi hija Charity. Yo estaba agotado luego de un largo día y ella dijo:

– Oye, ¿quieres prepararme una taza de café?

– ¿Tú quieres? —le dije yo.

– Sí, tomémonos un café juntos.

Esa fue la señal de que ella quería pasar tiempo conmigo; ella quería hablar. Yo estaba realmente cansado, no quería hablar. Lo único que quería era irme a dormir. Pero valoro la franqueza del corazón de mi hija más que mi propio sueño. Podría dormir más tarde, la ventana de su corazón pudiera no abrirse nunca más de la misma manera. Si yo no sacaba tiempo para estar con ella, esto podría crear un recuerdo que susurrara: "Cuando yo estoy dispuesta, él no quiere hablar conmigo". Y yo no voy a permitir que ese pensamiento se interponga entre nosotros.

Es probable que la ventana al corazón de su hijo se abra cuando usted esté ocupado con trabajo o mientras esté viendo una película o navegando por Internet o cuando realmente esté involucrado en algo que no sea hablar con su hijo, pero como padres necesitamos responder a las señales de que nuestros hijos quieren nuestras presencia, incluso cuando nos estamos entregando a otra cosa y estamos locamente ocupados. Esas señales de un corazón abierto pudieran estar apareciendo a su alrededor, todo el tiempo y son mucho más importantes que estar entretenido con una película, mucho más importante que ver un programa de televisión, que leer un libro o que responder a correos electrónicos.

## La parte más profunda del corazón de su hijo

El adolescente va a conversar con alguien sobre lo que está pasando en su corazón. El asunto es, ¿será con usted? Si no es usted, ¿será alguien con poca sabiduría? ¿Irá a hablar con alguien de su edad? Los estudios muestran que la mayoría de los muchachos se unen a las pandillas porque están buscando la proximidad familiar que no obtienen en casa.[2]

El corazón de su hijo será vulnerable a aquellos que le están escuchando. ¿Está abriendo su corazón en línea en MySpace? Es terrible cuando un chico habla de su dolor para que todo el mundo lo vea porque mamá y papá, que están sentados a unos 10 metros de donde el hijo está escribiendo, están demasiado ocupados como para escuchar. Si usted no ha tenido una conversación íntima con su hijo desde hace algún tiempo, necesita averiguar a quién le está abriendo el corazón. Pero hágalo de manera muy sutil. Comience por crear oportunidad para mostrar un amor tangible, de manera que la ventana a su corazón se abra a usted una vez más.

¿Recuerda cuando dije que la crianza requiere sacrificio? Cada vez que tenga una conversación tarde en la noche con su adolescente, usted está dando un mensaje positivo, y una ventana a su corazón comienza a abrirse. Su interés tangible y su amor son los que acercan el corazón de su hijo al suyo. Eso es lo que usted anhela por encima de todo lo demás ya que a quien sea que su hijo se está abriendo tendrá la mayor influencia para moldear su corazón y su vida.

# 9

# COMUNICAR SUS VALORES

—¡Yo no te crié así! —dice un padre exasperado luego de descubrir que su hijo se emborrachó por primera vez.

—¿Cómo pudiste hacer esto? — solloza una madre cuando descubre que su hija ha tenido contacto homosexual, relaciones sexuales o que está embarazada.

Mi pregunta para ese padre o madre es: "¿Cómo crió usted a su hijo/a?" ¿O fueron los medios quienes lo criaron? ¿Quién está teniendo mayor efecto sobre sus hijos, usted o la cultura? Es fácil creer que es usted, pero no debe darlo por sentado. Usted debe tomar la iniciativa en cuanto a cómo comunica sus valores a sus hijos, y hacerlo de una manera clara que los involucre. Después de todo, ¡la cultura es muy activa y agresiva en la manera en que comunica sus valores!

Mire esto, las películas con categoría G (para todo tipo de audiencia) hacen mucho más dinero que las películas con categoría PG (ver en compañía de adultos), las que son para mayores de 13 años o las que son para adultos.[1] Aunque algunas películas de categoría G tienen algunos valores cuestionables, la mayoría son sanas y orientadas a la familia. Entonces, ¿por qué no todas las películas son categoría G? Si son las que más dinero hacen, ¿por qué no gasta Hollywood toda su energía en hacer la mayor cantidad de dinero posible? Es porque existe un plan. Hay valores que las personas influyentes de esta cultura están tratando de comunicar. La maquinaria prefiere sacrificar el dinero para poder impartir sus valores. Si las voces que llevan la voz cantante en nuestra cultura imparten los valores de destrucción, violencia y sexualización de manera tan activa, ¡¿no deberíamos nosotros al menos ser igualmente activos en cuanto a impartir nuestros propios valores?!

## Un código para vivir

¿Cuáles son sus principios fundamentales? Es fácil decir: "Yo quiero que mi familia siga la Biblia" o sencillamente citar el fruto del Espíritu (ver Gálatas 5:22-23). A menudo vemos que cuando decimos que solo queremos seguir la Biblia completa o una lista predeterminada de cualidades, acabamos no practicando ninguna. Acabamos sin hacer énfasis en alguna. Es más eficaz crear una lista de tres a cinco valores sobre los cuales edificar el nombre, la herencia y las prácticas de su familia. ¿Cuáles son las acciones y actitudes que usted quiere ver reflejadas en todo lo que hacen? ¿Cuál quiere usted que sea el fundamento de su familia?

Identificar su lista de principios fundamentales requiere que usted y su cónyuge mediten en la pregunta: ¿qué clase de hijos queremos criar? Aunque no sea para nada más, ¿cuáles son las cuatro o cinco característica que usted quisiera escuchar de boca de la gente cuando piensen en su familia? Más que ninguna otra cosa, ¿qué quiere usted inculcar en sus hijos y verles identificar como sus principios fundamentales?

Katie y yo creamos nuestra lista cuando nuestros hijos eran muy pequeños. Se nos ocurrieron muchas cualidades o valores, y nos dimos cuenta de que la lista era demasiado larga. La Biblia habla sobre cómo es difícil encontrar un buen nombre, es más valioso que el oro o la plata.[2] Basados en ese proverbio, nos hicimos la pregunta: "¿Qué queremos que simbolicen nuestras vidas y la reputación de nuestra familia?" Redujimos la lista a cuatro principios y respaldamos cada principio con el pasaje de la Escritura que mejor representara cada idea.

Es algo común en el mundo de los negocios que una empresa, para modelar su cultura, establezco los principios fundamentales y que luego congregue a cada empleado alrededor de esos valores. El hacer esto comienza a cambiar verdaderamente la cultura del centro de trabajo. Uno no puede cambiar la cultura sencillamente porque quiere hacerlo, uno tiene que lograr que la gente acepte y apoye los valores que usted está sugiriendo.

Yo comencé a preguntarme si el mismo concepto podría funcionar en mi familia. Así que decidimos establecer algunos valores. No dijimos simplemente: "Estos son nuestros valores". Hicimos que la familia moldeara su vida alrededor de los mismos. Después de hacer todo el trabajo por adelantado, al pensar bien cuáles serían nuestros cuatro principios y seleccionar los pasajes de la Escritura que mejor representaran lo que queríamos ser, decidimos hacer una gran inauguración para los principios fundamentales de nuestra familia.

Hicimos de aquello un suceso importante para nuestra familia, un momento definitorio. Cameron tenía unos tres años, y nuestras hijas Hannah y Charity, solo tenían ocho y nueve años. Les dijimos:

—Dentro de una semana vamos a tener una gran celebración familiar. Va a ser algo emocionante que nunca antes hemos hecho.

—¿Qué es? ¿Qué es? —gritaron ellos cuando les dijimos.

—Lo sentimos, pero no podemos contarles nada más. Será una gran sorpresa.

Cada día los incitábamos más.

—Será tan maravilloso. ¡Todos nos vamos engalanar!

—¿De verdad? —nos contestaban ellos—. ¿Nos pueden decir qué es?

—No, lo sentimos, no podemos decirles nada más. Será el viernes por la noche, ¡y será maravilloso! Vamos a tener una cena especial. Ay, pero no… no podemos decirles más.

Creamos gran expectación en los niños.

Cuando llegó la gran noche, todos nos engalanamos y tuvimos una gran cena juntos. Katie y yo cocinamos algo realmente elegante que sabíamos a los niños les encantaría. Entonces teníamos algo grande misterioso preparado en la sala, estaba cubierto con un mantel. Encendimos muchas velas para añadir a la emoción. Después de la elegante cena, llevamos a todos a la sala y dijimos:

—Nos importa mucho el nombre de nuestra familia y nos importa mucho que todos vayamos juntos en la misma dirección. Es importante. Un buen nombre es difícil de encontrar, es más valioso que la plata o el oro. Nos importa el carácter de nuestra familia —Tomé un ladrillo y un martillo y lo partí a la mitad—. ¿Ven este ladrillo? No es fuerte por sí solo. Lo que está dentro del ladrillo es lo que lo hace fuerte. Lo que está dentro de nuestra familia es lo que nos hace fuerte, y lo que está dentro de nuestro carácter. Esta noche hablaremos de lo que nos hace una familia fuerte, de manera que podamos construir juntos algo fuerte. Mamá y yo hemos estado pensando y orando por las cosas que nosotros, como familia, debemos representar. Así que queremos mostrarles nuestros cuatro principios fundamentales.

Y con un gran silbido revelamos la obra maestra.

Hicimos que nos escribieran los principios a mano en un pergamino, para que se pareciera a la Constitución de los Estados Unidos. Como usted puede ver en la página siguiente, dice: "Carácter de la familia Luce".

Enumeramos los principios y luego explicamos a nuestros hijos lo que cada uno significaba: *honor, respeto, honestidad y responsabilidad*. Hicimos que los niños leyeran los pasajes de la Escritura que iban con cada principio y que respondieran a lo que ellos pensaban que significaba vivir cada principio.

—¿Les parece que es un buen fundamento para nuestra familia? —les preguntamos—. ¿Tienen alguna otra idea o comentario? —Ellos dieron algunas ideas.

Entonces dijimos:

—Si todos estamos de acuerdo, entonces queremos hacer un pacto juntos de que este es el tipo de familia que vamos a ser. No significa que vamos a ser perfectos pero lucharemos constantemente por mostrar esto a cada uno y a las demás.

Cada uno firmo el pergamino. Entonces oramos y sellamos el momento. Tenemos el pacto de nuestra familia enmarcado y colgado en nuestra casa en este momento. Hicimos copias para poner en los cuartos de nuestros hijos y lo pusimos en lugares como tazas y camisetas para que los principios sean visibles y fáciles de recordar cada día. (Por cierto, yo tenía una cámara de video preparada en la esquina de la habitación, así que grabamos la reunión familiar.)

# Carácter
## de la familia Luce

### HONOR
*Cada uno de nosotros debe aprender a controlarse de una manera que sea santa y honorable.* 1 Tesalonicenses 4:4

| | | |
|---|---|---|
| • Carácter | • Justo | • Dignidad |
| • Virtud | • Bueno | • Realeza |
| • Honestidad | • Alta reputación | • Excelencia |

### RESPETO
*Mostrar adecuado respeto a todo el mundo.* 1 Pedro 2:17
Valorar a Dios, a sí mismo y a otros como Dios los valora.

• Prestar atención  • Cuidar  • Estimar  • Mostrar bondad

### HONESTIDAD
*Instrúyeme, SEÑOR, en tu camino para conducirme con fidelidad.*

• Salmo 86:11  • Sinceridad  • Integridad  • Rectitud

### RESPONSABILIDAD
*Hagan lo que hagan, trabajen de buena gana, como para el Señor y no como para nadie en este mundo.* Col 3:23

• Digno de confianza  • Responsable  • Fidedigno

Nosotros, los miembros de la familia Luce consentimos en vivir de acuerdo a estos principios todos los días de nuestra vida para la gloria de Dios.

## Cómo usar sus principios fundamentales

Los principios fundamentales necesitan reiterarse una y otra vez. Una ceremonia única es algo maravilloso, pero usted necesita hablar de estos principios cada vez que confronte a un hijo con respecto a una regla o cuando necesite disciplinar a su hijo. Durante esas ocasiones usted dice: "La razón por la que tenemos esta regla en nuestra casa es porque se relaciona con este principio". Katie y yo estábamos constantemente relacionando la vida con nuestros valores cuando conversábamos con nuestros hijos. Cada vez que disciplinábamos a nuestros hijos explicábamos: "Es por este principio que yo no quiero que mientas, y es por eso que te estamos disciplinando. Si no somos honestos unos con otros, no tenemos ninguna confianza en nuestra familia". Cuando disciplinábamos podíamos decir algo así: "Estos también son tus principios fundamentales, ¿no fue esto lo que acordamos?"

Para que los principios sean significativos, ustedes tienen que ser capaces de confrontarse unos a otros en la familia con relación a cualquier violación del acuerdo. ¡Esto es algo que algunos padres no quieren escuchar! Habrá ocasiones en las que nosotros, como padres, quebrantaremos un principio. Cuando suceda, o tenemos que ser prontos para confesarlo a nuestros hijos o asentir si ellos nos confrontan al respecto

70

y decir: "Tienes razón, por favor, perdóname". Es muy importante que no actúen como si fueran perfectos. Si usted quiere que sus hijos respondan de una manera positiva a los principios de la familia cuando usted los confronte, entonces usted necesita modelar dichos principios. Con relación a los principios todo el mundo está en el mismo nivel a la hora de confrontarse unos a otros. Sin dudas que existe jerarquía en la familia, con el esposo y padre como cabeza y con la esposa con autoridad sobre los hijos, pero cuando se trata de los principios fundamentales, los hijos pueden decir, de manera respetuosa: "Mamá, papá, eso no fue muy honesto…"

Como padres no podemos ser tan arrogantes como para nunca reconocer cuando estamos equivocados. Es muy importante explicar esto a sus hijos cuando pongan en marcha los principios de manera que todo el mundo sea responsable no solo de practicarlos sino de confrontar a cualquier que se aparte de los mismos. Enseñe a sus hijos a confrontarlo a usted de manera respetuosa si ellos ven que usted quebranta uno de los principios. Es muy importante que hagamos todo lo posible por vivir nosotros mismos dichos principios, no solo frente a nuestros hijos sino todo el tiempo. Esto se convierte en el cimiento de la confianza en la familia. Se convierte en lo que usted mismo es.

Los principios fundamentales son los más fuertes y se han interiorizado cuando los hijos hablan de ellos y se confrontan unos a otros con relación a vivirlos, incluso cuando usted no está presente. Usted sabe que sus hijos han adoptado los principios como suyos cuando los escucha decir cosas como: "Eso no fue muy honrado" o "Nosotros no vemos ese tipo de cosas".

Los principios de su familia deben responder al por qué de cada regla que usted tenga y de cada acción que usted acometa. En lugar de decir: "Haz lo que te digo y ya", dígales a sus hijos el por qué, porque lo que usted pidiendo que sus hijos hagan o que no hagan es uno de sus principios, que han sido tomados directamente de la palabra de Dios.

## Eco de otros

Es importante que haya otras personas en la vida de sus hijos que sostengan los mismos tipos de principios para que sus palabras y acciones se conviertan en "ecos" de las suyas. Cuando sus hijos ven los principios reflejados en las vidas de otras personas: tíos o tías, personas más jóvenes que usted o matrimonios jóvenes que los chicos piensan que tienen onda, ellos se verá fortalecidos para vivir de la misma manera. No importa cuán buena sea su crianza, sus hijos se cansan de solo escucharlo a usted. Pero cuando hay otras personas alrededor de ellos que tienen los mismos valores, ellos se convierten en un eco de sus principios. Lo dicen de una manera que sonará distinta. Sus hijos se sentirán validados y sabrán que hay otras familias que viven de la misma manera.

## Amigos del pacto

Cuando Katie y yo éramos padres muy jóvenes, unos padres increíblemente sabios nos dijeron que el mayor error que ellos cometieron fue dejar que sus hijos pasaran la noche con otros chicos. Fue allí donde al parecer comenzó el problema para sus hijos, que ahora eran adolescentes que se habían metido en algunos problemas. Existe una presión extraña, y una cantidad desmedida de influencia sobre sus hijos, cuando se involucran en un evento de toda la noche con los hijos de otra persona, y usted no tiene idea de cuáles son los valores de esa familia.

Nosotros tomamos la decisión cuando nuestros hijos eran pequeños de que no podían pasar la noche en casa de un amigo o amiga. Modificamos esa regla un poquito para decir que podían pasar la noche en las casas de amigos del pacto. Los amigos del pacto son los padres con quienes tenemos una relación y sabemos que están criando a sus hijos con los mismos principios que nosotros tenemos. Sabemos que sus hijos van a tener inculcados los mismos valores morales. Sabemos que los padres van a supervisar a nuestros hijos al igual que a los de ellos.

A veces nuestra regla de quedarse a dormir en otra casa significaba que las niñas no podían pasar la noche con una amiga que vivía en la cuadra o ni siquiera con sus primas. Aquí es donde la cosa se complica porque no queremos ofender a nuestros parientes. Sin embargo, una conversación horrible pudiera destruir el trabajo que usted está tratando de hacer en las vidas de sus hijos. Si sus hijos solo tienen 8, 9, 10, 11, imagine si tuvieran un intercambio de ideas y conversaciones con otros niños donde se da entrada a la rebelión o se habla algo sobre el sexo o sus hijos están expuestos a una película donde las malas palabras prevalecen o hay conceptos que usted sencillamente no quiere que estén en la mente de sus hijos. Los niños son muy pequeños para comprender, eso para no hablar de la posibilidad de que se escapen de la supervisión de un padre. Nos hemos aferrado a esta regla durante todos los años en que nuestros hijos fueron pequeños y le animo a que haga lo mismo.

# Hablar sobre sus principios con relación a los medios

Katie y yo hicimos un pacto de que cada vez que viéramos algo en la televisión o en una película o en la vida que directamente quebrantara nuestros principios, lo hablaríamos con los niños. Aunque nuestra preferencia era que ellos nunca lo vieran, hay algunas cosas que usted simplemente no puede evitar ver, ya sean los afiches de Victoria's Secret que están en el centro comercial o un anuncio que sale en la pantalla. Tuvimos innumerables conversaciones con nuestros hijos en el auto que comenzaban con la oración: "¿Qué fue lo que sacaron de esa película? ¿Qué creen ustedes que se dijo en esa película que no está de acuerdo con la Biblia? ¿Cuál creen ustedes que fue el verdadero mensaje?" Yo hacía esto luego de ver espectáculos de Broadway a los que los hemos llevado con el paso de los años. Les preguntábamos qué cosa de lo que vieron o escucharon discrepaba del sistema de valores de nuestra familia y de las enseñanzas de la Biblia.

Cuando veíamos un programa sobre una persona que se enamoraba, decíamos: "¿Y qué hay con esa historia de amor? Sabemos que fue tierna e interesante, pero ¿qué había en ella que no está de acuerdo con lo que la Biblia dice sobre el amor? Sabemos que la Biblia no dice nada de 'enamorarse'. El amor es una decisión que uno toma de comprometerse y servir a alguien y de sacrificar sus tendencias egoístas. Uno puede haberse sentido encaprichado con alguien, pero esos sentimientos no quieren decir que es amor de verdad, ¿cierto? Esas son las ansias de los inventos de Hollywood". Los niños decían: "Sí, absolutamente".

Si usted quiere una oportunidad de inculcar fibra moral en sus pequeños, va a tener que pensar un poco. Ellos no lo van a captar por casualidad sin que usted diga algo. Así que en lugar de que sus hijos sean un pizarra en blanco para que el mundo le escriba sus valores, llénelos con la verdad y ayúdeles a tomar los valores de la Biblia que les darán la mejor oportunidad para tener una vida maravillosa. Por favor, tenga en cuenta que solo porque sus hijos dicen que creen en Jesús y van a la iglesia eso no significa automáticamente que han asumido todos los valores y el estilo de vida de la Biblia. Es nuestra función como padres (no del pastor ni del pastor de jóvenes) hacer que nuestros hijos vean la virtud de nuestros principios y ayudarlos que los adopten como suyos.

Para obtener la experiencia completa de ReCrear, visite www.battlecry.com donde encontrará videos y más información.

73

# 10

# *UN MENSAJE EN UN RECUERDO*

Una gran parte de la cultura familiar se establece sobre el folklore, una colección de anécdotas y recuerdos, algunos ciertos, otros falsos; algunos divertidos, otros escabrosos. Pero todos nos convierten en quiénes somos y crean una atmósfera en nuestra familia que nos define. Una de las claves para elaborar de manera activa una cultura familiar es pensando constantemente: "¿Qué tipo de recuerdo estoy creando ahora mismo, ya sea bueno o malo?" No es solo: "¿Qué estoy haciendo ahora mismo por mi familia?" ni "¿Cuánto estoy ganando para mi familia?" ni "¿Qué le estoy dando a mi familia?", sino "¿Qué tipo de recuerdo estoy grabando en la mente de mis hijos?"

Muchos de nosotros hemos sufrido el engaño de que con solo ganar dinero extra para darle más cosas a nuestra familia es lo que les ayudará. A menudo acabamos sustituyendo con regalos materiales el proceso intensivo de tiempo que requiere crear recuerdos significativos. Y a menudo prescindimos del esfuerzo de crear recuerdos que no cuestan nada prácticamente pero que crearían historias familiares maravillosas y lecciones éticas significativas para que nuestros hijos almacenen en sus memorias para el momento en que ellos formen su propia herencia familiar con sus propios hijos.

## Malos recuerdos

Todo el mundo tiene algunos malos recuerdos de la niñez o de sucesos más recientes. Los recuerdos amargos o dolorosos pueden convertirse en parte del cimiento sobre el cual los niños reflexionen por el resto de su vida. El asunto es ¿cómo nosotros, como padres, hemos participado en situaciones que pueden permanecer en las memorias de nuestros hijos y contribuir a destrozar una tierna niñez? Cuando menos, ¿hemos creado, inconscientemente, una atmósfera de desconfianza en nuestros hijos con respecto a nosotros? Hay un principio predominante a tener en cuenta cuando se trata de proteger a sus hijos de malos recuerdos.

Cuando sus hijos hacen algo que le enoja (inevitablemente lo harán porque son pequeños y cometen muchos errores), sea cuidadoso con su reacción. La reacción de un padre ante las acciones de un hijo es lo que más se queda en la memoria de un hijo. Si usted estalla con una ira feroz, lo menos que su hijo recordará fue lo que él o ella hizo, el significado de las palabras que usted gritó o cómo debieron haber reaccionado ellos. Sin embargo, los niños recordarán la mirada lívida en su rostro, el tono áspero de sus palabras o la humillación que sintieron.

Algunos padres hasta recurren a maldecir a sus hijos y los menosprecian, haciéndoles sentir como idiotas despreciables. Lamentablemente, las vidas de algunos niños están llenas de malos recuerdos. Recuerdan muy poco de las cosas positivas que sus padres dijeron o el tesoro de las experiencias emocionantes que tuvieron. Es importante que cuando nosotros como padres cometamos un error, hagamos todo lo posible por corregirlo al pedir perdón. Así es, dije que los padres necesitan pedir a sus hijos que los perdonen. Muchos hijos nunca han escuchado a un padre o madre pedirle perdón. Incluso si usted realmente metió la pata y cometió un gran error, puede cambiar todo el recuerdo basado en la sinceridad genuina de su disculpa. (Por su puesto, no usando esto como un permiso para cometer errores enormes a propósito.)

Recuerdo un ejemplo en una de nuestras vacaciones familiares cuando mis hijas tenían 13 y 14 años y mi hijo tenía 7. Estábamos en un crucero y las niñas regresaron a la habitación más tarde de cuando les dijimos que debían regresar. Aunque solo se habían atrasado 10 minutos, yo armé un gran lío y estaba muy enojado. Mi ira estaba motivada por el hecho de que estaba horriblemente preocupado. Estaban en un crucero y se suponía que estuvieran con amigos, pero podían haber estado en cualquier parte. Yo estaba a punto de comenzar una búsqueda por todo el barco. Mi temor por su seguridad se desató en la ira.

Después me di cuenta de que había estropeado las vacaciones. No había comunicado realmente las intenciones de mi corazón y el motivo por el cual había reaccionado con tanta ira. Yo supe que corría el peligro de dejarles un recuerdo de todas estas vacaciones como *la noche que papá se puso furioso y arruinó nuestras vacaciones*. Tenía que actuar drásticamente.

Cuando la familia se levantó al otro día, no estaban seguros de si yo todavía estaba furioso. Yo me había levantado más temprano y me encontré con Dios y sentí la represión del Espíritu Santo en mi corazón y comencé a meditar en cómo podía arreglar las cosas. Una vez que todo el mundo se levantó, les pedí que me perdonaran. Les dije que fue innecesario enojarme tanto. Aunque lo que hicieron estuvo mal, mi reacción también estuvo mal. Les pregunté si podíamos comenzar nuevamente las vacaciones. Dijeron que estaba bien. Yo dije: "Quiero que se olviden de lo que pasó anoche. Voy a salir por la puerta. Cuando regrese, les voy a decir lo que realmente estaba sintiendo anoche en mi corazón".

Cuando volví a entrar, comencé a decirles a las niñas cuán preocupado estaba por ellas y cuán valiosas eran para mí. No quería que nada les pasara. Con lágrimas rodándome por las mejillas, me puse de rodillas y comencé a abrazarlas diciendo: "¡Agradezco tanto que estén a salvo! ¡Por favor no me hagan esto otra vez!"

No hace falta decir que me perdonaron. Esa fue una oportunidad para construir algo positivo en el recuerdo negativo que perduraba. Ahora cuando hablamos de esas vacaciones, el incidente del enojo nunca sale a colación. Sin dudas existe una manera de redimir una interacción negativa con sus hijos si usted recuerda que no está simplemente viviendo su vida sino que también está creando recuerdos que se repetirán en los corazones y mentes para siempre.

## Buenos recuerdos

Una de las cosas que pasa constantemente por mi mente como padre es una lista de cuáles recuerdos buenos he creado ese año, este mes o esta semana para mis hijos. Esos recuerdos son el disco duro de donde sacarán los recuerdos de sus vidas.

Como dije en un capítulo anterior, desde que mis hijos tenían un año comenzaron a viajar conmigo. Yo viajo y hablo casi todos los fines de semana durante el curso escolar haciendo eventos llamados *Acquire the Fire* [Recibe el fuego] en algunos lugares con miles de jóvenes en el estadio. Siempre me llevé a alguno de ellos en cuanto cumplían un año.

Entre mis tiempos de predicación y de ministerio, buscaba algo que hacer o algún lugar adonde ir que fuera para ellos para que no sintieran que simplemente me estaban acompañando.

He aquí algunos de esos recuerdos, algunos pequeños, otros no tan pequeños. Pero siempre trataba de estar al tanto y de tomar la iniciativa para prepararlos. Durante mis viajes de ministerio lejos de casa:

- Nos escapábamos a la hora del almuerzo para ir a un parque de diversiones que estuviera cerca.
- Íbamos a un museo para niños donde podían hacer trabajos manuales
- Íbamos a jugar mini golf si llegábamos lo suficientemente temprano los viernes antes del evento.
- Comer postre tarde en la noche cuando regresábamos de un evento nocturno.
- Pedir servicio de habitaciones.
- Caminar por la calle tarde en la noche. Cuando estábamos en una ciudad como Nashville, caminábamos por la calle y escuchábamos a los grupos tocar, tomábamos un batido o una taza de café en el camino.

Recuerdos en casa:

- Conversaciones en el Jacuzzi tarde en la noche. Una de las pocas cosas que queríamos tener desde que los niños eran pequeños era una bañera tipo Jacuzzi. Con nuestro horario tan cargado, sería un buen lugar para relajarnos. También ha servido como un buen lugar para pasar tiempo en familia mientras hablamos, reímos y simplemente pasamos tiempo juntos.

• Katie leía novelas a los niños. Ella los educó en casa hasta que estuvieron en la escuela intermedia o la secundaria. Ellos tienen los bancos de su memoria llenos de recuerdos sentados en el regazo de mamá escuchando historia tras historia de los clásicos así como libros que tenían que leer por el currículo de la enseñanza en casa.

• Siempre le dimos mucha importancia a acostar a las niñas cuando eran pequeñas. Cuando yo estaba en casa, yo las acostaba leyéndoles las Fábulas de Esopo (o cualquier otra cosa que pidieran) y orando por ellas. En algún momento ellas decidieron inventar algo a lo que denominaron "un desfile para papá", antes de que comenzara la lectura. Cuando yo entraba al cuarto cada noche había un arreglo diferente en el piso de colchas con muñecas y animales. Cuando yo abría la puerta, allí estaban mis dos princesitas haciendo ballet, gimnasia, gimnástica y todo tipo de giros para mí. Entonces me tomaban del brazo y yo las conducía por el "pasillo" que ellas habían preparado para mí y me sentaba en el "trono" que habían hecho con almohadas y cada una se acurrucaba a mi lado mientras leíamos historias y orábamos hasta que ellas se quedaban dormidas.

• La mayoría del tiempo mientras iban creciendo hacíamos una noche familiar todas las semanas. Cada miembro de la familia podía escoger una actividad en la semana que le tocara, ya fuera ver una película, comer fuera o jugar cierto juego. Nuestro desafío era encontrar algo creativo y "fuera de lo común" que no solo fuera una actividad divertida sino que también creara un gran recuerdo. Cuando recordamos nuestras citas familiares, "la noche del cabello alborotado" fue tremenda, cada uno le arregló el cabello a otro miembro de la familia de una manera realmente atrevida y luego salimos a comer. Hicimos una fiesta de pijamas, una noche de los años 50 y todo tipo de cosas diferentes. No es mala idea hacer que sus hijos ayuden a escoger cuáles van a ser estos recuerdos.

En algunos de los recuerdos que usted hace, sus hijos son un poquito más sofisticados que usted. Recuerde que es importante, especialmente cuando son pequeños, no solo ir adonde usted quiere ir. Vaya a un lugar que sea un gran recuerdo para ellos y un gran tiempo familiar. Algunas vacaciones son más del tipo "vamos a descansar y no hacer nada" y algunas son de un ritmo más rápido "hagamos muchas cosas divertidas". Quizá usted quiera unas vacaciones para sentarse en la playa y leer, pero ese puede no ser el mejor recuerdo para sus hijos. Puede ser divertido un rato, pero se aburrirán al segundo día o algo así. Lo que yo he tratado de hacer es pensar en las imágenes que yo quiero que den vueltas en sus mentes cuando se acaben las vacaciones. Cuando fuimos al Gran Cañón, busqué la manera de que fuéramos al río Colorado en un viaje de un solo día, pero ese viaje de un día fue un gran recuerdo.

Muchos de los recuerdos que usted crea pueden no ser cómodos o fáciles para usted. Puede que no le cuesten mucho dinero, pero sí pueden costarle sueño y sudor. Por ejemplo, las ocasiones en las que he ido a acampar con mi hijo Cameron. Siempre he tratado de ser el tipo de padre que dice: "Hagamos tal cosa un día" y luego cumplir con eso. Así que cuando le digo a Cameron: "Oye, vayamos a acampar antes de que haya demasiado frío", significa que realmente lo vamos a hacer. Afortunadamente vivimos más o menos en el campo, lo cual lo hacía más fácil para mí cuando él era más pequeño porque podíamos acampar en el patio y él era feliz.

Recuerdo un viaje para acampar el año pasado. Cameron y yo fuimos a un lago cercano. Cuando llegamos allí, pusimos nuestras cosas en un bote y remamos a un lugar que tenía una cascada y un acantilado. Nos tiramos al agua desde el acantilado y nadamos por allí. Después regresamos al bote y remamos al otro lado del lago. Por el camino pescamos tres róbalos. Llegamos al otro lado, pusimos nuestra tienda de campaña y cocinamos el pescado en una hoguera. Después de pasar la noche allí, nos levantamos y dimos una larga caminata en la que acabamos perdidos y tuvimos algunas aventuras.

En el camino de regreso al día siguiente, Cameron dijo las palabras preciosas que todo padre quiere escuchar: "Papi, este fue el mejor camping en que yo he estado. En realidad ha sido uno de los mejores momentos de mi vida hasta ahora". Para mí, nada se comparaba con la alegría de estar con mi hijo, escuchar esas palabras y crear un recuerdo que duraría toda la vida.

¿Recuerda cuando mencioné lo de correr tarde en la noche con Charity? Déjeme contarle como sucedió. Charity, mi hija menor, se ha convertido en una tremenda corredora. Cuando ella dice: "Papá, vamos a correr", es otra forma de ella para decir: "Quiero pasar tiempo contigo". Recuerdo una noche en que acabé de predicar al final de un largo día. Habíamos terminado un gran momento de ministerio en nuestra instalación. A las 11:00 P.M., de regreso a casa Charity me dice: "Oye, papá, ¿quieres ir a correr esta noche?"

Eso estaba muy lejos de mi mente y era lo que menos quería hacer. Al otro día tenía que levantarme temprano, pero entonces pensé: Qué manera tan buen de crear un recuerdo, correr con mi hija a las 11:30 de la noche y luego conversar en el camino de regreso. Así que acabé yendo. ¿Qué si estaba cansado al día siguiente? ¡Sí! Yo no recuerdo qué era tan importante, pero ella todavía recuerda la noche que fuimos a correr a las 11:30 P.M.

Una de las cosas que mi hija me preguntó esa noche fue si yo estaría interesado en entrenar para correr en un maratón con ella. Cuando me lo preguntó, yo no tenía interés en hacerlo. Yo quería hacerlo en algún momento en mi vida, pero con el trajín de mis viajes, no tenía motivación para entrenar para un maratón. Pero cuando pensé en cuánto tiempo pasaría con ella, corriendo, conversando y hablando de las Escrituras, ¡qué gran recuerdo tendríamos! Este último año en casa, antes de que se vaya a la universidad ¡podemos decir que entrenamos para correr juntos en un maratón! Mientras escribo esto estamos empezando a entrenar.

## Cómo reacciona usted ante malas noticias

Es inevitable que en algún momento mientras cría a sus hijos habrá malas noticias. La manera en que usted reaccione es crucial. A veces los padres dicen las cosas más terribles que, no importa lo que hagan, no pueden deshacerse. Las palabras se repiten como una película, una y otra vez. Cuando mi hija mayor, Hannah, tuvo un terrible accidente automovilístico en su primer auto, una parte de mí estaba enojada. ¡¿Por qué iba manejando tan rápido por una carretera resbaladiza?! Sin embargo, yo sabía que ella siempre iba a recordar mi primera reacción. ¿Qué me importaba más a mí, el carro o ella? Me di cuenta de que cómo yo reaccionara por teléfono y lo que hiciera cuando llegara al lugar le afectaría de por vida. Yo siempre podría conversar sobre lo que sucedió, pero nunca podría reemplazar ese primer recuerdo.

Las notas tienden a ser otra enorme oportunidad para aprender a reaccionar frente a las malas noticias. Siempre habrá momentos llenos de retos cuando se trata de las notas. Puede ser que sus hijos vayan por el rumbo equivocado con las notas y usted necesita tener una conversación seria. Pero, ¿qué sucede si su hijo saca 100 en todo menos en una asignatura? Su reacción a esa nota también va a crear un recuerdo. Si usted dice: "¿Qué pasó? ¿Por qué no calificaste 100 en esta clase?" O si usted dice: "¿Por qué obtuviste esa nota?" en lugar de decir: "¡Felicidades! ¡Qué buen trabajo hiciste", su hijo puede pensar: Nunca puedo complacer lo suficiente a mi mamá (o a mi papá). Incluso si hay algunas notas más bajas que deben conversarse, existe la oportunidad para hablar de las notas buenas antes de tratar el otro asunto que se presenta.

## Recuerdo del paso de una edad a otra

Cuando Hannah cumplió 13, hicimos algo importante para introducirla a una etapa tan especial de la vida. Queríamos que los años de su adolescencia fueran emocionantes, llenos de vida y memorables, no solo un montón de experiencias estresantes y detestables por las que pasar. Cada año hacíamos algo especial y emocionante para celebrar. Luego nuestra segunda hija recibió el mismo regalo cuando cumplió los 13. Cumplir 13 era un fue un "rito" especial para nuestras hijas.

Acabamos de celebrar el trigésimo cumpleaños de Cameron. Su momento especial fue un poquito diferente porque él es varón. A las niñas las llevamos a un paseo de fin de semana de juego y diversión. Pero también hablamos de algunas cosas serias y les regalamos un anillo de pureza (un anillo que significa una promesa de abstinencia sexual hasta el matrimonio).

Pasamos varios meses preparando el cumpleaños de Cameron. Seis meses antes de su trigésimo cumpleaños le dije en un estudio bíblico que iba a comenzar a llevarlo por un camino que lo prepararía para llegar a ser hombre. A partir de ese momento, nos reuníamos una vez por semana para desayunar. Él comenzó a memorizar versículos bíblicos y la definición de lo que es un hombre, incluyendo los diferentes ingredientes de un hombre de verdad. Le di regalos simbólicos como placas para que pudiera recordar fácilmente lo que estaba aprendiendo.

Cuando llegó el momento del verdadero cumpleaños de Cameron, teníamos preparado algo espléndido que creemos que él nunca olvidará. Algo que hicimos fue entregarle una réplica genuina de la espada de Brave Heart [Corazón valiente] con un lema grabado que él creó en latín: semper deo habitato. Esto significa "siempre viviré para Dios". También incorporamos una memorable fogata esa noche en el bosque. En la fogata, varios hombres a quienes el admiraba y en quienes confiaba le dieron regalos simbólicos sobre lo que significa ser un hombre. Además tuvo la oportunidad de comerse el bistec más grande que jamás hubiera visto.

Decidimos que queríamos marcar cada año de la adolescencia de nuestros hijos con un recuerdo fantástico. A los 14, cada una de nuestras hijas voló a la casa de su abuela para pasar el fin de semana. A los 15 cada una fue a un viaje especial con mamá. A los 16 cada una escogió a qué lugar de los Estados Unidos quería ir a pasar el fin de semana. Ambas querían llevar a una amiga a Nueva York. (¡Qué bueno que como viajo tanto ahorro las millas de viajero frecuente!) Cuando cumplieron 17 les regalamos una salida de compras (con un límite). Cada año ellas recuerdan algo más que una fiesta, recuerdan la herencia que les dimos. A veces crear el recuerdo implicaba ahorrar dinero para que pudiera hacerse, y a veces no implicaba un centavo.

Con Cameron, he tratado de crear diferentes tipos de recuerdos. Montamos juntos bicicletas todo-terreno. Vamos a cazar. Vamos a acampar y de pesquería. Algunos de nuestros recuerdos son de habernos perdido en el bosque mientras acampamos. Ese recuerdo fue gratis pero todas las conversaciones, la diversión y la frustración que tuvimos no tienen precio. También tenemos recuerdos de perdernos mientras montamos la bicicleta todo-terreno y tratamos de sacar una bicicleta de un barranco bajo la lluvia. Por supuesto, pasar tiempo juntos ofrece la oportunidad de muchas lecciones para la vida y de momentos para enseñar.

Le animo a que haga una lista de las cosas que quiere hacer con su familia para crear algunos recuerdos buenos. Haga una lista de cosas que harán como familia, en las que todo el mundo se reirá y pasará un buen tiempo. Luego haga una lista de manera de crear recuerdos individuales con cada uno de sus hijos. Haga planes para hacer cosas de la lista este año, este mes y quizá esta semana. Piense en lo que está ocupando ahora el banco de sus recuerdos. Entonces sueñe un poco para que pueda llenarlos con una biblioteca de grandes recuerdos.

En cada recuerdo hay un mensaje, ya sea bueno o malo. Hace poco, cuando estaba en la ciudad de Nueva York preparándome para un gran evento, tuve la oportunidad de conocer a Sean Hannity (del programa de noticias *Hannity and Colmes* del canal Fox) mientras estaba allí con Charity. Luego de unos minutos, Sean me preguntó: "¿Por qué no vienes al programa esta tarde? Hablemos sobre el comportamiento de los adolescentes". Acabó poniéndome en un debate en el aire con una mujer durante 45 minutos. Le pidió a Charity que también hablara y le permitió compartir ese momento conmigo. Al final de la entrevista Sean dijo:

—¿Por qué no vienes al estudio esta noche? Van a estar Franklin Graham y Rick Warren".

Miré a Charity and y luego a Sean y dije:

—Ya tengo una cita esta noche; Charity y yo vamos a ver un show".

—Está bien, no hay problemas —dijo él.

Más tarde esa noche, mientras Charity y yo caminábamos por la calle, yo pensé: Caramba, yo pudiera haber ido y haber visto nuevamente a esos dos líderes. Pudiera haber desarrollado una mejor relación con Sean Hannity. Entonces pensé: *¿Qué sería lo mejor que hubiera salido de ahí?* Quizá otra reunión con aquellos dos líderes y una comparecencia en televisión con Sean. Incluso si eso sucedía, ya sería un recuerdo lejano, pero si yo hubiera dicho que sí, le hubiera transmitido a Charity que aceptar la invitación de Sean era más importante que la cita que había hecho con ella. En ese momento, yo tenía la opción de sembrar un recuerdo triste en su memoria o de crear un recuerdo que le dijera: "Tú eres más importante que todos los líderes cristianos notables con los que yo pudiera compartir".

Ese tipo de recuerdos son los que hacen que nuestros hijos sean seguros y que nos abran sus corazones. Esas decisiones les hacen sentir valiosos lo que a su vez aumenta su flexibilidad cuando intentamos moldearlos y derramar en ellos nuestros valores. En cada recuerdo hay un mensaje. Asegúrese de que los recuerdos que usted deje a sus hijos tengan los mensajes adecuados.

Para obtener la experiencia completa de ReCrear, visite www.battlecry.com donde encontrará videos y más información.

82

# 11

# UN MATRIMONIO SÓLIDO = HIJOS SEGUROS

Se ha dicho y escrito tanto sobre el valor de un matrimonio fuerte. Mi esposa y yo hemos leído muchos libros sobre autores como James Dobson, Bill Hybels, Gary Smalley y Dennis Rainey sobre el tema y hemos usado su sabiduría para edificar y fortalecer nuestro matrimonio. Así que ni siquiera voy a intentar reiterar aquí esos principios de las relaciones.

Lo que quiero decir en este capítulo es que si realmente queremos una oportunidad para crear una cultura en nuestro hogar que sea más fuertes que la cultura del mundo, tenemos que prestar atención a la salud de nuestra relación matrimonial. *La cultura de un hogar emana de la relación entre esposo y esposa* (para los hijos eso es mamá y papá). Uno no puede pretender que amar a sus hijos y estar comprometidos con ellos es lo único que crea la cultura. En realidad su relación con su cónyuge es lo que produce estabilidad, confianza y buena salud en el hogar.

Con tantos divorcios ocurriendo en nuestra cultura, no es extraordinario que los jóvenes, incluso nuestros propios hijos, se pregunten si el divorcio va a atacar su hogar. ¿Mamá y papá siempre van a estar juntos? Esta ansiedad está cultivando la inseguridad en los niños. Si hay peleas o desacuerdos o si la palabra divorcio se usa alguna vez en una discusión en un arranque de ira, esto solo afianza este temor. La seguridad que todo niño necesita no se crea con solo decir: "Tu madre y yo nunca nos divorciaremos". La sanidad de un gran romance y una gran amistad (mostrar que se gustan y que se aman el uno al otro) hace que sus hijos se sientan seguros y les da la confianza de que su hogar siempre será estable y seguro.

Está claro que los niños necesitan de ambos padre para tener la crianza más saludable. Sé que hay muchas familias donde solo está uno de los padres haciendo un trabajo valeroso para hacer que las cosas funcionen a pesar de la mala situación en la que se encuentran. Los datos son irrefutables con relación a cómo los niños y niñas pequeños necesitan que su papá esté presente.[1] Se necesita a un hombre y a una mujer para guiar a una familia.

- el 71 por ciento de las adolescentes embarazadas carecen de un padre.
- el 90 por ciento de los niños sin hogar y que huyen de casa provienen de hogares sin padre.

- el 85 por ciento de los niños que muestran problemas de conducta provienen de hogares sin padre.
- el 71 por ciento de los que abandonan la secundaria provienen de hogares sin padre.[2]

## Pasos para una relación saludable

En la sección siguiente voy a darle algunos consejos relevantes que nos han resultado cruciales a Katie y a mí para el éxito de nuestro hogar.

### Pasen tiempo juntos

Cuando lo nuevo desaparece en la relación matrimonial, es fácil comenzar a dar por sentado a la otra persona. Uno deja de concentrarse en la otra persona. Se concentra en toda la ocupación de criar a los hijos: ocuparse de que hagan la tarea, llevarlos a prácticas deportivas, juegos y otras lecciones y ensayos. Realmente no queda tiempo para la otra persona. No obstante, los esposas y esposas necesitan dar prioridad a su relación de tal manera que hagan tiempo el uno para el otro.

Una de las cosas que Katie y yo hemos hecho durante años es tener una salida nocturna semanal. Además aprendimos muy temprano en nuestra relación a tener un "tiempo en el sofá" cada día. Después que yo llegaba a casa y saludaba a los niños y les daba mi amor, Katie y yo nos sentábamos y hablábamos sobre el día y demás. Los niños nos veían pasar tiempo juntos a pesar de que ellos querían nuestra atención. Veían que damos prioridad uno a nuestra relación mutua.

Es importante que los hijos vean que ellos no son el centro de su universo. Si ellos son el centro de su universo (que es la manera común de pensar en la crianza de una manera idealizada), ellos controlan su mundo. Logran que usted haga cualquier cosa que ellos quieran. ¡¿Qué?! Mi cónyuge es más importante que mis hijos? Pudiera sonar duro o despiadado pero el hecho que los hijos se sienten seguros cuando ven un equipo de mamá y papá que se aman y que están comprometidos el uno con el otro. Los niños se sienten bien siendo la prioridad número dos.

### Muestre ante los hijos un frente unido

Hay muchas decisiones en las que ustedes dos no estarán de acuerdo. Katie y yo tomamos la decisión desde el principio de que cuando tuviéramos hijos nunca estaríamos en desacuerdo frente a ellos. En lo que concernía a nuestros hijos, siempre estaríamos de acuerdo el uno con el otro. Si necesitábamos hablar sobre algo, lo haríamos sin estar frente a los niños.

Un frente unido hace que sea prácticamente imposible que los niños pongan a mamá contra papá. Si un hijo sabe que a mamá le parece bien una decisión pero a papá no, él puede jugar con el sistema. Este compromiso de un frente unido también nos permitía resolver las cosas en privado, especialmente si requería una conversación seria y difícil. Nunca exprese los desacuerdos frente a sus hijos. Incluso si es usted quien cede y no logra lo que quiere, de todas maneras gana porque como equipo, ambos están decidiendo ir en la misma dirección.

### Defiéndanse y apóyense mutuamente

Katie y yo hicimos el compromiso de que siempre seríamos el más grande defensor del otro. Si mis hijos estaban diciendo algo que no les gustaba de mamá, incluso si yo estaba de acuerdo con lo que estuvieran diciendo, yo la defendía. Yo decía algo así: "Yo sé que ella tiene sabiduría y Dios se las dio a ustedes y vamos a honrarla". Siempre hicimos que quedáramos bien delante de nuestros hijos.

Algunas mamás y papás de miras estrechas ceden ante la tentación de caer bien. Incluso si no están alimentando las quejas de sus hijos, están permitiendo que de las bocas de sus adolescentes salgan cosas despectivas sobre la otra persona sin que se cuestionen. No tiene ninguna ventaja que el hijo sienta que uno de ustedes es el padre favorito.

Incluso en una situación de divorcio, en la que los hijos van de un hogar a otro, no tiene ninguna ventaja hacer quedar mal al ex cónyuge. Esa persona le ayudo a traer a su hijo al mundo. Usted tiene la responsabilidad de hacer que el otro padre de su hijo luzca tan íntegro como sea posible en medio de una situación muy difícil. Hacer que usted quede mejor solo le beneficia a usted, no a los hijos.

### Haga algo más que tolerar a su cónyuge

Algunos han cedido ante el engaño de creer: "Solo voy a soportar a mi cónyuge. Realmente no me cae bien pero por amor a mis hijos seguimos juntos". Aunque suena muy noble, si usted realmente ama a sus hijos, también amaría a su cónyuge. Usted resolvería las cosas y se humillaría y usted y su cónyuge se escucharían mutuamente y dejarían que Dios les ayudara a reconquistar el corazón del otro.

Lo mejor que usted puede hacer por sus hijos es amar a su cónyuge con todo su corazón. Sus hijos pueden percibir si hay un amor ferviente, sano y comprometido en el hogar. Ustedes pueden decir que están juntos por los hijos pero en realidad eso solo llevará al desastre. Cada día hay historias de padres cuyo divorcio, después de que los hijos cumplieron 18, 19, 20, 25 años, destruyó por completo a sus hijos porque se dieron cuenta del engaño de su vida familiar durante todos esos años. No resistan simplemente por amor a los hijos, traten con el problema real y vayan a consejería si lo necesitan. Pídanle a Dios que acerque nuevamente los corazones de ustedes.

## Pónganse de acuerdo en hábitos de crianza

Antes de que Katie y yo tuviéramos nuestros hijos, leímos libros sobre cómo ser padres. Ambos proveníamos de padres divorciados y no teníamos la mejor perspectiva sobre cómo criar hijos. Buscamos consejo de personas que eran más sabias que nosotros. Y había bastante de ellas a nuestro alrededor. Antes de tener hijos, desarrolle una filosofía de paternidad con la cuál ambos estén de acuerdo. Entre otros, necesitan incluir el asunto de la disciplina (decidir que comportamientos requieren consecuencias y por qué). Esta es una de las razones por qué es tan importante tener ambos padres en una familia. Cuando esté decidiendo cómo criar, como disciplinar, y qué valores inculcar en sus hijos, va a haber momentos en los que unos de los dos va a estar total y absolutamente alterado. Su hijo lo ha enredado en una red de su lógica, y te hace sentir impotente y frustrado. Es entonces cuando su cónyuge puede inmiscuirse y ayudar a solucionar la situación. El o ella puede ser un sólido apoyo para usted. Ustedes son un refugio el uno del otro para que puedan guiar desde una posición fuerte. El que se encuentra enredado en una red estará, como mínimo, segado. El otro padre ofrece una perspectiva diferente. Juntos pueden tomar decisiones confiados para continuar adelante y resolver el asunto en cuestión con su hijo. Autoridad moral para guiar a su familia La manera en que usted conduzca su relación con su cónyuge aumenta o disminuye de su autoridad moral ante su familia. Cuando usted mira a su hijo y dice: «Quiero que vivamos de esta manera», ¿se ve ese estándar reflejado en su vida? ¿Ven sus hijos que lo vive en su relación con su cónyuge? ¿Los ven a ustedes reflejar el estándar individualmente? Si se gritan o maldicen el uno al otro, ¿por qué deben sus hijos permitir que les aleccionen? Usted quiere formarles con buenos valores, corregir su conducta e impartirles sabiduría, no obstante, ellos ven un conflicto con la manera en que ustedes viven. ¿Por qué querrían abrazar los valores a los que les está exponiendo? A todos nos gustaría decir: «Haz lo que yo digo, no lo que yo hago». Eso es exactamente lo que Jesús dijo sobre los fariseos. La verdad es que los niños nos miran y hacen lo que nosotros hacemos, mucho más de lo que hacen lo que les decimos. Como dice el refrán: «Los hechos hablan más que las palabras.» ¿Y qué si provienen de padres divorciados y/o una familia mixta? ¿Cómo disciplina a los niños del primer matrimonio de su cónyuge? ¿Cómo puede usted asegurarse de que tanto el padre biológico como el padrastro están siendo sabios? Si usted está batallando con esto, le animo a que lea uno de los libros que listamos a continuación: • *Blended Families: Creating Harmony as You Build a New Home Life* de Maxine Marsolini • *The Smart Step-Family* de Ron L. Deal • *Winning the Heart of Your Stepchild* del Dr. Bob Barnes En una situación de familia mixta, el padre biológico es el que debe ejecutar la mayor parte de la disciplina de sus hijos. No es aconsejable poner al hijastro en una situación en la que pueda decirle: «Tú no eres mi papá de verdad; tú no me puedes decir eso». De hecho, si hay un padrastro, la mayoría de la disciplina debe venir a través de la madre. Aunque la Escritura dice que el hombre es la cabeza del hogar, esta es una situación diferente. El padrastro puede apoyar a la mamá, pero para evitar que la familia se divida aún más y vivan en un mundo infernal, el padre biológico siempre debe ser el que discipline y corrija. Una última palabra de aliento para los esposos: Cuando sus hijos ven que usted ama a su esposa y se dedica a ella, esto constituye un ejemplo para sus hijos de cómo es un amor completo para que puedan ver una diferencia notable con respecto a lo que el mundo llama amor. Sus pequeñitas verán lo que es el verdadero amor romántico para que no se dejen engañar y seducir por los muchachos que les dicen que son bonitas y que las aman, solamente para usarlas. Hay muchas cosas intangibles que crean un matrimonio fuerte. Edifican seguridad en los corazones de los jóvenes y les ayudan a tomar decisiones, no por miedo, sino como respuesta al ejemplo que sus padres muestran de un romance exitoso y pleno que les hace querer tener lo mismo. Criar hijos eficazmente involucra mucha instrucción, guía, regaños y disciplina. Si, en medio de estar tratando de disciplinar a su hijo, está al mismo tiempo lidiando constantemente con una batalla entre usted y su cónyuge, no va a logran tener ni remotamente la misma eficiencia en moldear a sus muchachos que podría tener. Se tendrá en poco mucho de lo que usted diga porque no está alineado con la manera en que vive. Una relación matrimonial sólida y exitosa edifica una cultura de confianza para que usted pueda verter sus valores sobre sus hijos, y ellos recibirán su enseñanza porque ven el beneficio reflejado en su matrimonio.

Para obtener la experiencia completa de ReCrear, visite www.battlecry.com donde encontrará videos y más información.

87

# NO HAY SUSTITUTO PARA EL UNO A UNO

En mi ministerio tengo la tendencia a tener más cosas en mi lista de cosas por hacer de las que posiblemente pueda realizar. Así que cuando comencé a viajar, cuando mis hijos eran muy pequeños, siempre me llevaba a uno de ellos conmigo.

Mi concepto inicial de cómo ser padre, que llevaba un hijo en sus viajes, era mantenerlo ocupado con unos pocos juguetes, darle la leche cuando tuviera hambre, cambiarle el pañal cuando fuera necesario y hacer todo el trabajo posible mientras estuviera en el avión. Mientras pudiera mantener al bebé entretenido y sin llorar, yo podía hacer varias cosas a la vez. Claro, también jugaba con mi hijo o mi hija, pero tenía la mayoría de mis pensamientos en todo el trabajo que todavía quedaba por hacer.

Este plan de viaje cambió cuando mis hijas cumplieron dos años. A esas alturas, cuando yo cargaba a mi hija, le hablaba y la corría a un lado mientras revisaba correos electrónicos o leía algo, ella comenzaba a hablarme en su lenguaje de bebé, tratando de comunicarse. Fue entonces cuando el solo ocupar su tiempo no era suficiente. Ella quería tener una "conversación" conmigo.

En algún momento, entre los dos y tres años, recuerdo que cada una de mis hijas me agarraba la cara y la viraba hacia ella mientras yo sostenía una seudo conversación cuando trabajaba. La primera vez que eso pasó, mi tentación fue a seguir leyendo y tratar de mantener a mi hija ocupada, pero en mi corazón, yo sentí la represión. ¿Iba yo a ser un padre que cumplía con la palabra de la ley pero no con el espíritu de la ley? Sin dudas, yo estaba tratando de ser un buen padre al llevar a mi hija conmigo. Yo le cambiaba el pañal y hacía todo el trabajo de un padre que viaja con una hija, pero realmente no estaba cumpliendo con el espíritu de la ley e involucrándome. Yo pensé, *qué terrible sería que mis hijas viajen conmigo pero que nunca tenga una conversación de uno a uno conmigo.* Se suponía que esa era la razón por la cual yo las llevaba conmigo.

El tiempo de uno a uno con sus hijos de manera habitual no tiene sustituto. Es fácil pensar, *basta con hacer una salida para toda la familia.* Las cenas y vacaciones familiares son muy buenas. Jugar en familia es estupendo, pero cada persona tiene sus propios desafíos, frustraciones e inseguridades. Cuando uno conversa de uno a uno, optimiza la oportunidad de involucrar el corazón de su hijo a un nivel más profundo.

Estar con un grupo de personas llamado tu familia, todo el tiempo, puede ser difícil. Incluso si se trata de la familia, nadie recibe una atención individual. El padre promedio solo pasa 6 horas y media con sus hijos cada semana y las madres pasan 12.9 horas.[1] Todos los hijos son diferentes y necesitamos prestarle atención individual a ellos.

Como ya mencioné, a sus hijos les gustará hacer cosas diferentes de manera individual, así que desarrolle una lista de lo que a cada uno de los hijos les gusta hacer con mamá o papá. Quizá sea ir de compras, salir a tomar té o café, tocar música o salir a caminar juntos. Realmente estos momentos de uno a uno no tienen sustitutos. Al pasar tiempo juntos usted puede abrir su corazón y hablar de lo que le está pasando. Al hacerlo, su hijo comenzará a abrir su corazón también. Hay un sentimiento de reciprocidad. Usted se franqueó y ahora él o ella siente que no hay problemas con ser vulnerable.

Yo le animo a que comience estos tiempos de uno a uno cuando los niños son muy pequeños, de tres o cuatro años. Papá, nunca vaya a ningún lugar sin alguno de sus hijos. Esto incluso incluye ir a la ferretería. Este es un tiempo que usted pudiera pasar solo, pero lleve a uno de sus hijos para tener una conversación sobre cosas que son sencillas pero importantes.

La excusa común de los padres es: "Es que no tengo tiempo para pasarlo así, de uno a uno". Mi respuesta a eso es: "¿Tiene usted tiempo para terapia?" ¿Tiene usted tiempo para llevar a sus hijos todas las semanas durante tres años a alguien que pueda ayudarles y que converse con ellos? Muchos de los problemas de la vida pueden resolverse con solo tener alguien con quien hablar y usted debe asegurarse ser esa persona para su hijo.

Un estudio del que supe cuando estudiaba para obtener mi maestría en consejería/psicología, comparaba a un rabino, un sacerdote, un psicólogo y un amigo (yo sé, esto parece un chiste) en cuanto a su eficacia para ayudar a un persona a hablar de un problema. ¿Cuál era la diferencia en cuanto a eficacia entre una persona que fuera a ver a un profesional como un rabino, un sacerdote o un psicólogo para recibir ayuda versus hablar con un amigo de verdad? El estudio descubrió que realmente no hay ninguna diferencia. Piense en el significado de eso: un amigo es tan bueno para ayudar a alguien con su problema como un psicólogo capacitado que tenga un doctorado.[2]

Lo que la gente necesita es un amigo, alguien a quien abrir su corazón. Todos tenemos la necesidad de abrir nuestros corazones, pero tenemos la tendencia a hacerlo solo de uno a uno con alguien. Cuando la gente va a ver a un psiquiatra, realmente están pagándole a alguien para que haga lo que pudiera hacer un padre, una madre, un amigo o un cónyuge.

Cuando hacemos el hábito de reunirnos con nuestros hijos de uno a uno, no siempre tiene que ser algo tan profundo. Pero usted debe tomar la iniciativa para crear un ambiente en el que quieran abrir su corazón. Si usted nunca prepara eso, lo de abrir el corazón nunca sucederá. Esto es recíproco. Usted los escucha, ellos querrán escucharlo. Usted abre su corazón, ellos abrirán el de ellos.

Escuche el corazón de su hijo, incluso si él o ella habla durante mucho tiempo. Tenga cuidado con la tentación de interrumpir y corregir o de tratar de arreglarlo todo. ¡Deje que su hijo hable! Una gran parte de su necesidad es poder hablar. Puede que no quiera una respuesta lógica, puede que solo quiera que usted le escuche. Si usted espera para ofrecer un consejo, puede incluso que se marche y luego regresa con mejores ideas sobre qué decir, que si tratara de resolver el problema de inmediato.

Nosotros como padres queremos, y necesitamos, ser el centro de relaciones en las vidas de nuestros hijos. No queremos que abran su corazón a los amigos, en un blog o en una pandilla. La única manera en que vamos a ser la persona a quienes ellos acudan es si creamos muchos espacios de uno a uno. Si al principio su hijo no se siente cómodo con el uno a uno, piense en cosas divertidas y aventureras que pudieran hacer juntos. Pronto comenzarán a anhelar el tiempo que pasan juntos. Se lo garantizo; ellos volverán en sí. Gaste algún dinero, pero más que eso, pase el tiempo haciendo actividades que sean de uno a uno. Sus hijos se beneficiarán de que el centro de relaciones de su vida sea cómo ellos se relacionan con usted y no con otras personas.

Usted pudiera decir: "Está bien, Ron, pero ¿y qué hacemos con un adolescente cínico que se viste tipo gótico y adora a Satanás? ¿Cómo hace uno para llegar uno a uno con esos jóvenes?" Bueno, hace poco tuve la oportunidad de hacer esto cuando unos padres me enviaron un muchacho así durante el verano para que lo "arreglara". Estaban exasperados, habían hecho "todo lo que se podía" para llegar a él. El primer día que lo llevé a desayunar me dijo que adoraba a Satanás y que sabía que yo iba a tratar de acercarlo a Dios y me estaba informando que eso nunca iba a suceder. Yo no me mostré escandalizado ni traté de meterle a Jesús por los ojos. Simplemente dije: "Oye, te gustan las moto todo terreno?"

Su rostro se iluminó. Unos días después nos fuimos a montarlas. Salimos varias veces a almorzar. Montamos juntos en motos acuáticas y nos reímos, jugamos y conversamos algo. Poco a poco, él comenzó a abrirse con respecto a su vida, su familia y su corazón. Lo llevé en viajes fuera de la ciudad (como hago con mis propios hijos). Él se franqueó un poco más. Antes de que terminara el verano, había entregado su vida a Jesús, renunció a Satanás, estaba leyendo la Biblia de una manera increíble y había perdón en su corazón para sus padres. Lo único necesario fue tiempo y amor.

Los padres que dicen: "He hecho todo lo que puedo", deberían reconsiderar esa afirmación. Estos padres querían que yo "arreglara" a su hijo. Lo único que hice fue lo que ellos debieron haber hecho desde el principio: pasar tiempo de uno a uno con él. Quizá usted ha hecho todo menos aquello que su hijo necesita más: tiempo de uno a uno con usted.

Para obtener la experiencia completa de ReCrear, visite www.battlecry.com donde encontrará videos y más información.

# 13

# SUS HIJOS SON MÁS IMPORTANTES QUE SU CARRERA Y SU MINISTERIO

Estábamos disfrutando el primer día de nuestras vacaciones como familia en Florida. Los niños hervían con toda la diversión que íbamos a tener, desde ir a la playa hasta visitar Disney World. En medio del lobby del hotel, recibo una llamada de alguien que me invita a una reunión especial con él y con el presidente de los Estados Unidos, George W. Bush. Mientras escuchaba esa llamada, miraba a mi familia en el lobby, tan emocionados con lo que planeábamos hacer. Le dije a la persona que estaba en Florida con mi familia de vacaciones.

—Pero, Ron, esto es una reunión de dos horas con el presidente de los Estados Unidos —me dijo él.

—Lo sé, pero estoy de vacaciones con mi familia.

Él repitió la frase anterior. Luego de unos pocos minutos de conversación, esté noble caballero se dio cuenta de que nada podía disuadirme de pasar tiempo con mi familia, ni siquiera una reunión con el presidente.

Mientras yo escuchaba lo que él decía, me imaginaba los recuerdos que mis hijos tendrían y el mensaje que yo les daría si hubiera cedido a mi deseo de reunirme con el presidente. Sin dudas la familia me habría perdonado. Katie me hubiera dicho: "Claro, cariño, ve". Puede que haya o tal vez no otra oportunidad de reunirme con el presidente, pero nunca habrá otra oportunidad de criar a mis hijos. Nunca habrá otra oportunidad para estas vacaciones. Yo tenía una oportunidad de dejar una marca indeleble en sus mentes del valor que yo les concedo.

Cuando mi esposa les dijo a los niños que yo había preferido pasar tiempo con ellos en lugar de reunirme con el presidente, no hay predicación ni tampoco suficientes "te quiero" que pudieran compararse con el valor que ellos sintieron en ese momento.

Todos somos personas ocupadas. Si usted tiene una profesión, está involucrado en el ministerio o tiene el deseo de triunfar en algún tipo de empeño, siempre habrá otras cosas para alejarlo de sus hijos. Usted tiene que decidir por adelantado que su cónyuge y sus hijos son más importantes para usted que su profesión y/o ministerio. ¡Y punto!

Cuando usted toma esa decisión, muchas otras decisiones ocuparán el lugar que les corresponde, incluyendo dónde usted pasa su tiempo y en qué invierte su corazón. Cuando las "oportunidades" aparecen, sus prioridades ya están establecidas. Usted podría pensar: *me ascenderán si hago esta presentación realmente buena y trabajo el fin de semana.* Pero usted sabe que también será el primer juego de pelota de su hijo. Siempre habrá otra oportunidad para que lo ascienda, pero nunca habrá otro primer juego de pelota. Si usted está en el ministerio, siempre habrá otra presentación en televisión u otra gran iglesia en la cual predicar, pero nunca tendrá otra vez la oportunidad de criar a sus hijos.

Necesitamos ser cuidadosos para que nuestro apetito de triunfar en los negocios y en el ministerio no justifique que descuidemos o pasemos por alto a los preciosos pequeños que Dios nos ha dado para criar.

## ¡Esté presente!

Usted necesita tomar una decisión en cuanto a que existen ciertas cosas que usted simplemente no se va a perder:

- No se va a perder los cumpleaños.
- No se va a perder las actuaciones.
- No se va a perder los juegos. Si un hijo tiene 30 juegos en una temporada, está bien perderse algunos, pero no sea un padre o madre ausente.
- No se va a perder celebrar su aniversario de bodas.

Puedo pensar en oportunidades que surgieron junto con un cumpleaños familiar o un aniversario. Parecía que esa oportunidad nunca más surgiría, pero yo ya había tomado la decisión en cuanto a qué no podría perderme por amor a mi familia. Ni siquiera menciono muchas de estas oportunidades a mi familia porque sería fácil que ellos se sintieran mal (porque no quieren arruinar la carrera de papá). Y he tratado de evitar prometer: "Te lo repondré después". Hay ciertas cosas que no se pueden reponer. Uno dice más con solo asegurarse de estar disponible para su familia.

Usted no tiene que ser el padre o la madre perfecto. Si simplemente está presente y tiene una relación genuina con sus hijos, esto compensa muchas cosas que pueden no ser tan perfectas. Siempre habrá otra gran oportunidad, otro negocio que hacer, otro ascenso que obtener, pero usted solo tiene una oportunidad para criar a sus hijos. Ellos recordarán dónde usted pasó su tiempo. Ellos recordarán si usted se sacrificó por su familia.

## Pero yo tenía la intención de estar...

Las palabras famosas de un padre con buenas intenciones: "Yo tenía la intención de estar en tu juego de pelota…Yo tenía la intención de estar en tu recital…Yo tenía la intención de estar en la reunión de padres…" ¿Se supone que estas palabras sirvan de consuelo a los niños que ven a otros padres en un evento pero no ven los suyos?

Fácilmente decimos las palabras: "De verdad que yo quería estar ahí". Piense en esto por un instante. ¿REALMENTE usted quería estar? Cualquier cosa que de verdad queremos hacer, la hacemos. Cuando les decimos a nuestros hijos que queríamos estar allí, pero que no pudimos, les estamos diciendo que queríamos más estar en otro lugar, y fue por eso que estábamos en otro lugar. En la mente de un niño lo único que él piensa es que si usted realmente quería estar ahí, habría estado. Hay solo unas pocas excepciones en las que la ausencia en un evento de un hijo es inevitable, cuando el no estar presente se debe a una emergencia. Cuando decimos: "De verdad que yo quería estar ahí, pero…" estamos diciendo que no queríamos estar ahí tanto como queríamos nuestra profesión o nuestro ministerio.

Decida por adelantado   De antemano, tome la decisión de que le va a dar máxima prioridad a su cónyuge y a sus hijos. ¿Esto significa que no puede haber flexibilidad en esta regla? Claro que no; no obstante dudé incluso para decirlo. Muchas familias viven constantemente cediendo. Establecen una regla y luego la violan una y otra vez por el resto de su vida. Si toma una decisión con antelación, perder una oportunidad que se presente no es algo difícil de digerir. No tuve oportunidad de conocer al Presidente Bush, pero tuve la oportunidad de conocer a mi familia. Viví según mis valores. Mis niños me aman, y yo los amo. He decidido qué tipo de matrimonio y qué tipo de familia quiero, y todo lo demás tendrá que girar alrededor de eso. Tomé la decisión de no engañar a mi familia mucho antes de recibir la llamada para que me reuniera con el Presidente.  Siempre hemos tenido un día semanal de la familia, o una cita familiar. La flexibilidad entra a jugar si por alguna razón yo tengo que viajar durante el tiempo que regularmente pasamos juntos. De ser así, buscamos otro tiempo para la familia dentro de esa semana. Si yo trabajo un día extra durante mi día de descanso, busco otro día para «compensar» a la familia. Katie no tiene que rogarme, ni siquiera pedírmelo. Simplemente lo planifico. He tratado de vivir de manera que mis hijos nunca digan: «Pero papá, es que tu nunca estás aquí,» a pesar de que viajo todas las semanas a diferentes partes del país. De hecho, yo diría que mientras mis hijos crecían, yo pasé más tiempo con ellos que muchos padres que nunca salen de la ciudad. Al final de la jornada, cuando sus hijos son adolescentes y todavía le dan grandes abrazos, usted se da cuenta de que valió la pena el sacrificio.

## Al llegar a casa después del trabajo

Es tan importante que cuando regrese a casa usted lo haga tanto física como mentalmente. Muchas personas llegan a casa tan agotados físicamente que no reportan ningún beneficio para su familia. Sus mentes todavía están en el trabajo. Están sentados con los hijos pensando en lo que van a hacer al día siguiente. Quizá enciden el televisor y se entretienen con su programa favorito y a eso le llaman pasar tiempo con la familia.

Cuando usted va al trabajo, póngase su traje de trabajar. Trabaje duro. Cuando regrese a casa del trabajo, es la segunda mitad de su día de trabajo; no se ha terminado. Se acaba cuando los niños se acuestan a dormir. Su cónyuge puede haber trabajado duro todo el día. Llegó la hora del trabajo familiar de ser padre/madre. Concéntrese e involúcrese mentalmente. Apague el trabajo; déjelo en su portafolio. No revise su correo electrónico. Involúcrese con sus hijos. Jueguen en el suelo. Ría con ellos. Juegue con ellos. Haga cosas tontas con ellos.

Recuerdo cuando mis hijos eran más pequeños, e incluso ahora que son mayores, que yo les hacía cosquillas y jugaba con ellos, forcejeaba con ellos y los escuchaba. Cerrar mis ojos al final de un día difícil y escuchar sus risas mientras les hacía cosquillas era como una cascada sobre mi alma que aliviaba la intensidad del día. Creaba un equilibrio en mi vida.

Su vida no se trata solo de su trabajo. No se trata solo de su ministerio. Sino de todas las dimensiones diferentes de las que Dios le ha permitido participar. Si usted tiene hijos, esa es una dimensión. Hay algo en la risa de un niño y en consolarlos cuando sufren y escuchar a sus corazoncitos que le da enteraza a usted como adulto.

Usted sabe que si no va a trabajar con la actitud correcta y da lo mejor de sí, corre el riesgo de que lo despidan. Lo mismo sucede en el hogar. Si usted no viene a casa con la actitud correcta y da lo mejor de sí, corre el riesgo de que sus hijos lo despidan. Ellos lo despedirán de ser la persona a quien abren su corazón. Le despedirán de ser usted quien los acurruca. Le despedirán de ser usted en quien confían de todo corazón. Prefiero que me despidan de mi trabajo a que me despida mi familia.

## El don de la familia

Es fácil pensar: *si pongo a mi familia primero, me quedo atrás; tengo una lista de cosas que hacer en el trabajo (o ministerio) que ocupa las 24 horas de los siete días de la semana.* Realmente es un engaño pensar de esa manera. Para dar lo mejor en su trabajo o ministerio, usted necesita estar completo. Usted necesita ser fuerte. Necesita tener una familia saludable, hijos saludables y una relación saludable con su cónyuge. Al escucharlos, disciplinarlos, instruirlos, hablar con ellos, correr, sentirse frustrado, solo por estar presente junto a ellos, usted se convierte en una mejor persona. Cuando usted regrese a su oficina, no solo es una máquina dedicada que ejecuta detalles, está preparado para relacionarse mejor con las personas que está dirigiendo y para tratar con las frustraciones que ellos tienen en casa.

Es una vida de una sola dimensión el solo ocuparse de su profesión o ministerio. A menudo pensamos que si nos mantenemos concentrados en una dimensión, tendremos éxito. Si usted está casado, tener un matrimonio saludable le dará más éxito que si solo se siente motivo por su carrera. Si usted tiene hijos, concentrarse en su matrimonio y sus hijos le da salud a su vida de manera que cuando se ponga el traje de trabajo, realmente tenga un 100 por ciento de capacidad en lugar de solo sobrevivir de un día a otro.

Casarme con Katie realmente ha salvado mi vida. Para tener un matrimonio saludable y equilibrado, yo he aprendido que tengo que escucharla. He aprendido a decirme que es hora de apagar el trabajo y concentrarme en ella. Cuando decidimos tener hijos, nos comprometimos a pasar el tiempo adecuado con ellos. La familia de hecho ha preservado mi vida y ha aumentado mis posibilidades de vivir una vida más larga debido a la entereza que encuentro en una relación con mi esposa y mis hijos.

No se pierda la oportunidad de que sus hijos compartan algo que lo ilumina a usted o incluso que lo reprende. Ellos pueden mostrarle un lado de su personalidad en el que necesita trabajar. Sin dudas le darán alegría. Dios trae nuestros hijos a nuestra vida para convertirnos en las personas que necesitamos ser para ser eficaces en el mundo, y punto.

Para obtener la experiencia completa de ReCrear, visite www.battlecry.com donde encontrará videos y más información.

97

# 14

# *ENSÉÑAME EL DINERO Y YO TE MOSTRARÉ CUÁNTO VALES*

Está muy claro: Aquello en lo que usted gasta su dinero revela lo que usted considera importante. Invitamos o rechazamos a la cultura del mundo en cada dólar que gastamos.

Mencioné al comienzo de este libro que los adolescentes gastan $150 miles de millones al año en lo que usted les permite gastarlos. Por favor, no cometa el error de pensar: *Se lo ganaron, pueden comprar lo que quieran.* Usted, como padre, tiene el derecho a decir: "No, no estás listo para un iPod [o una computadora]." Usted les permitió tener un trabajo en el verano, y luego les ayuda a planificar cómo gastar el dinero de una manera sabia. Por ejemplo, nuestros hijos tenían que ahorrar la mitad de lo que ganaban durante el verano para la universidad o para comprarse un auto más adelante. Si querían comprar algo, podían ahorrar la otra mitad para conseguir lo que querían (siempre y cuando nosotros lo aprobáramos). Se quejaban, pero los enseñó a ahorrar.

Cuando salió el PlayStation 3 justo antes de la navidad de 2006, varios padres gastaron de manera alocada para obtener uno para su hijo. Otras personas lo compraron para venderlo en eBay y sacar ganancias. La consola de juego más barata que apareció en el sitio se vendió por $4,300, con un precio promedio de $7,000 y $10,000 (la oferta más alta fue de $30,000).[1]

Gastar $30,000 en una consola de juego cuyo precio era $450 sin dudas es una señal de que los hijos influyen en los patrones de gastos de sus padres. Se gasta mucho dinero en nuestros hijos. La pregunta es, cuando ellos comienzan a presionarlo, ¿quién ha influido sobre ellos para que influyan sobre usted? Con el bombardeo constante de los medios, es fácil que los valores del mundo dominen los deseos de la mayoría de los jóvenes.

No gaste "dinero por culpa" en sus hijos porque no está presente lo suficiente y siempre está tratando de compensarlo. El dinero no compensará su ausencia. No sucumba ante todas las exigencias de sus hijos por las cosas que sus amigos les han dicho que tienen que tener. Tome control de la cultura que permite en la casa mediante aquello en lo que gasta el dinero.

Nuestro deseo de darles a nuestros hijos más de lo que tuvimos cuando éramos pequeños puede llevar a que ellos absorban los medios que los destruyen. Ya sea que usted pone un televisor en cada habitación o que compra el último invento, muchas veces, al tratar de hacer que la vida sea mejor para ellos, en realidad la hacemos peor. De hecho puede que esté haciendo la invitación para que se establezca una pared entre usted y sus hijos. El tiempo que ellos pasan con los medios y los valores que aprenden de los aparatos que usted trae a casa realmente le alejará más de tener una relación profunda con ellos. Su deseo de darles lo que usted nunca tuvo pudiera resultar en una maldición y separarlos aún más como familia.

## Más distracciones por su dinero

Dejemos algo claro. Queremos tener una familia maravillosa. Queremos que nuestros hijos se enfoquen en los valores correctos. Queremos asegurarnos de que no sean capturados y arrebatados por la cultura del mundo. Sin embargo, es fácil para nosotros dar mensajes contradictorios mediante las cosas que compramos.

Necesitamos pensar con cuidado en el impacto del dinero que gastamos. No podemos simplemente pensar: "Siempre quise tener este televisor de pantalla plana" o "Tenía que tener una antena de satélite". La mayoría de nuestros gastos es para apaciguar nuestro propio ego y deseos egoístas o para apaciguar a alguien que lloriquea por lo que quiere. Es verdad, podemos decir que pasaremos tiempos magníficos frente al televisor y puede que suceda de vez en cuando; quizá allí se iniciaron algunas buenas conversaciones una que otra vez. Pero, ¿cuánto tiempo familiar positivo recibe usted cuando permite que otra persona le entretenga y moldee sus valores sin parar? El solo hecho de gastar dinero todos los meses en el pago del cable puede hacerle sentir obligado a verlo, de lo contrario, usted está botando su dinero.

## Juegos interactivos (No juegos de video)

Yo no soy muy dado a los juegos. Soy como cualquier otra persona que deja que se le entumezca el cerebro mientras ve algo entretenido, especialmente luego de probar algunos juegos que no eran lo suficientemente competitivos. Los juegos de mesa eran divertidos para una "generación poco sofisticada", como cuando yo era niño. Ahora parece que tenemos una sociedad muy sofisticada y necesitamos prestar atención a eso. Los juegos de video cumplen los requisitos, ¿verdad? Puede que sí, puede que no.

Los juegos de video pueden ser muy adictivos. Existen datos que muestran que muchas personas que empiezan a jugar cuando son jóvenes lo siguen haciendo en los veinte y los treinta. Pasan horas interminables jugando juegos verdaderamente competitivos que no llevan a nada. Por supuesto, hay juegos de video en los que uno puede competir contra otra persona en la sala, pero ese juego interactivo puede que se produzca y puede que no, a pesar de que esa es la intención. Hay algunos juegos de mesa interactivos realmente buenos que captarán la atención de sus hijos como Mad Gab, Catch Phrase, Apples to Apples, Imagine If, Clue, Scattergories y Monopolio. Y hay muchísimos juegos de cartas que son divertidos y le obligan a pensar y a involucrarse con sus hijos: UNO, Phase 10, Pit, Spoons, Hearts, Spit, Hit the Deck y Skip Bo, solo para mencionar algunos.

Usted puede crear recuerdos maravillosos con los juegos interactivos o leyendo libros divertidos en voz alta. Nosotros solíamos leer en la mesa. Recuerdo que nos reímos con historias que leíamos, y debatíamos los asuntos que la historia traía a colación.

Trate de evitar que cada noche familiar sea ver un video. Esa es la salida fácil. Siempre hay muchas películas para escoger, nosotros mismos tenemos que cuidarnos de solo ver videos en las noches familiares. Piense en un tiempo indulgente que se pasa absorbiendo los valores de Hollywood versus reír juntos sin parar durante un juego competitivo. ¿Cuál escogería?

A veces ustedes todos lo único que necesitan es relajar y estirar los pies. Pero si adquieren el hábito de hacerlo, y de no involucrar a los hijos, terminarán con teleadictos de 16, 17 y 18 años absorbidos por los medios porque todo su tiempo en familia se pasó en silencio frente a una pantalla.

## Elección de la casa

Todas las cosas que solían ser lujos se han convertido en necesidades y cosas que hay que tener. Ahora, los niños de 8, 9 y 10 años, ¡tienen celulares! Está bien decir no a los celulares. Nosotros experimentamos la presión de nuestros hijos para que les compráramos reproductores de CD y celulares cuando eran más jóvenes de lo que creíamos que debían ser para tener esas cosas. Les dijimos que no. Tenían que esperar hasta tener 16 años para tener un teléfono celular. Proverbios 23:4 dice: "No te afanes acumulando riquezas; no te obsesiones con ellas". Solo porque puedes comprar las cosas no significa que debas comprarlas para tu casa o para tus hijos.

Nosotros hemos dado prioridad a ahorrar dinero para la universidad de nuestros hijos, para los malos tiempos, para el futuro, para dar a las misiones. Hay muchas cosas para las que pudiéramos dar dinero en lugar de solo gratificar a nuestros hijos o a nosotros mismos. Usar su dinero para dar (como los diezmos en su iglesia) y a misioneros o agencias como Compassion International transmitirá un mensaje positivo a sus hijos y les inculcará el valor de ser un buen administrador de los recursos financieros que Dios ha provisto. Nosotros hemos patrocinado a dos niños de Compassion International desde que eran pequeños y enviamos y recibimos cartas de ellos para que nuestros hijos las leyeran según iban creciendo.

Cada dólar que gaste habla de lo que usted valora. Incluso si usted puede pagar todas las cosas que quiera tener (o todo lo que sus hijos quieran), podría ser más sabio refrenarse de cumplir todos esos deseos. No permita que la innovación y la tecnología dirijan sus compras. Tome las decisiones con relación a en qué gasta su dinero basadas en lo que usted valora y lo que es importante para usted. Antes de comprar, piense bien en las implicaciones de comprar un equipo tecnológico que podría convertirse en un ladrón de tiempo y modelar los valores equivocados. Si eso significa no comprarse el televisor de pantalla plana que usted ha querido durante años, pues que así sea.

Los padres y madres que reciben un bono en dinero de sus empleados y gastan ese dinero en darse el gusto de tener tecnología de vanguardia, solo hacen que la familia sea un caos mayor al invitar los medios a la casa. Antes de comprar, piense en los efectos que cada compra tendrá en su familia. Tenga la sabiduría de mostrarse comedido. Tener cada artefacto que se ha inventado no es el camino a la libertad y la felicidad. Usted necesita decidir por adelantado qué tipo de familia quiere tener y los valores que quiere que ellos imiten. Luego, permita que sus compras estén alineadas con esos valores. A pesar de que su ego no se sentirá estimulado de momento, a la larga su familia si lo será.

Para obtener la experiencia completa de ReCrear, visite www.battlecry.com donde encontrará videos y más información.

102

# 15

# ENSEÑAR A SUS HIJOS A SER SOÑADORES

En el capítulo 2 mencioné que el 98 por ciento de las personas son seguidores; el 2 por ciento son los que moldean la cultura. El 2 por ciento son los soñadores. Una de nuestras mayores responsabilidades como padres es, no solo proteger a nuestros hijos de la cultura, sino ayudarles a ser los que moldean la cultura. Hasta ahora una gran parte de este libro le ha mostrado cómo aislar a sus hijos y tomar la iniciativa para inculcar en ellos sus valores. La idea con eso no es solo para que usted pueda tener "una buena familia" con grandes valores sino enseñar a su familia a tomar esos valores y comenzar a tener un impacto y modelar al resto del mundo.

¿Cómo hacemos que nuestros hijos estén en el 2 por ciento que constituyen los que moldean la cultura? ¿Cómo hacemos que ellos se conviertan en los soñadores de su generación, que inventen los aparatos, que escriban las canciones, que manejen los negocios, que se postulen en la esfera política y que formen parte de las juntas escolares? Todo comienza mientras son pequeños. Como madres y padres tenemos que darnos a la tarea de encender el deseo y sembrar la semilla en sus corazones para que sueñen de manera creativa cuando son muy, muy pequeños.

Desde el principio les dijimos a nuestros hijos que habían nacido para cambiar al mundo; que nacieron para marcar la diferencia. Los acostábamos a dormir cada noche y orábamos: "Señor, usa a Hannah (Charity, Cameron) para cambiar al mundo, para marcar la diferencia…para tocar la vida de las personas". Desde una edad muy temprana se sembró la semilla en sus mentes y en sus corazones, ellos crecieron creyendo que realmente pueden cambiar el mundo y marcar la diferencia.

Nuestra meta como padres no es solo que nuestros hijos se conviertan en miembros "buenos" de la sociedad. Necesitamos criarlos para que se conviertan en agentes de cambio. Necesitamos criarlos para que tomen los valores que les hemos inculcado, aparejado con una pasión por Dios, e inspirarlos a que alcancen a las personas. Cuando ellos llegan a otros, multiplicamos el impacto que hemos tenido en sus vidas en muchas otras personas. Permítame mostrarle algunas maneras prácticas en que puede hacer esto por sus hijos.

# Enseñar a sus hijos a cambiar el mundo

## Anímelos a estar enfocados en otras personas

Desde una edad muy temprana, anime a sus hijos a concentrarse en otros. Por ejemplo, cuando sus hijos decidan aventurarse en los negocios, como sucede con la mayoría de los niños, usted puede animarles a que corten hierba o vendan limonada de manera que puedan donar el dinero para ayudar a otras personas, no solo para satisfacer su propio poder adquisitivo. De manera similar, cuando quieren cosas, en lugar de comprarles todo lo que quieren, enséñeles a buscar maneras de ganarse el dinero. Ellos necesitan aprender a ahorrar para las cosas que quieren comprar.

## Ayúdelos a lograr pequeños sueños

Podemos enseñar a nuestros hijos a aprovechar las oportunidades. Cuando mi hija mayor, Hannah, tenía 13 años, tuvo la idea de querer usar el Internet para ayudar a las niñas pre-adolescentes a través de un sitio web que quería crear. Yo conseguí alguien para que la ayudara a hacer un poquito de programación. Ella escribió el código para un sitio web llamado girlofgod.com. Tenía muchas ideas para el diseño. Era emocionante. Muchas pre-adolescentes visitaron el sitio y ella les ministró. La visión no duró mucho tiempo pero fue una lección para ella. Ella vio esta verdad: "Si tengo un sueño, puedo aprender cómo hacer para alcanzarlo y puedo lograr algo". Ayude a sus hijos a buscar oportunidades para impactar a otras personas y no solo para darse gustos a sí mismos; y luego muéstreles cómo llevar esa visión de una idea a la etapa de culminación.

## Desafíe la lógica egoísta

Durante los años en que nuestros hijos estaba creciendo nosotros teníamos una tradición especial la mañana de navidad. Después de comer el desayuno, nos preparábamos para dejar la casa y hacer lo que mi esposa y yo creíamos que era una de nuestras tradiciones más importantes en navidad antes de abrir los regalos: servíamos la comida en el local del Ejército de Salvación de la ciudad. Hacíamos esto para transmitir a nuestros hijos el mensaje de que Navidad es cuestión de servir y no de darnos gustos nosotros mismos. Inevitablemente acabábamos conversando un poco con las personas que en realidad sufrían, los escuchábamos y orábamos por ellos. Busque maneras de sembrar semillas en sus hijos para que estén concentrados en lo demás.

# Experiencias poco comunes

Una de las mejores cosas que usted puede hacer es ayudar a sus hijos para que quieran servir a otros e impactarlos. Usted puede provocar esto al darles experiencias que sean muy poco comunes. Enviarlos a un campamento de verano es algo maravilloso pero buscar un campamento que no los consienta tiene un impacto mucho mayor. Busque algo que les enseñe a estar más cerca de Dios o a obtener una habilidad. Algunos ejemplos sería un campamento de liderazgo como Student Leadership University, un campamento de baloncesto, un campamento de actuación o cualquier cosa que les dé una habilidad que puedan usar incluso en sus años de secundaria para servir a otros y ser excelentes en algo.

Una de las cosas más grandes que puede hacer es ayudar a sus hijos a ir en viajes misioneros a otras partes del mundo. Allí ellos pueden ver cómo viven otras personas que son menos afortunadas que en nuestras ciudades. Comience a hacer esto a edad temprana. (Nosotros comenzamos a llevar a los niños en los viajes de Global Expedition con Teen Mania cuando tenían 11 años.)

Si MTV está apuntando a niños cada vez más y más jóvenes, entonces nosotros debemos hacer lo mismo. Tenemos que sembrar en nuestros hijos un deseo de realmente marcar la diferencia y cambiar el mundo. Enviarlos en un viaje misionero no es solo mandarlos en un viaje. Es mostrarles cómo pueden recaudar dinero. Por supuesto, el viaje no solo lo pagan mamá y papá, los niños tiene que escribir cartas para recaudar fondos y conseguir patrocinadores. Tienen que prepararse. Tienen que buscar su pasaporte, empacar su ropa y ser responsables. Usted los saca de su zona de comodidad.

Cuando están en un viaje de Global Expeditions, se les asesora e instruye (se les enseñan preceptos y principios con relación a una vida piadosa basada en la enseñanza de la Escritura). Al mismo tiempo, ellos están llegando a otros de una manera muy práctica, ya sea que eso signifique hacer un pozo en la India o llegar a los huérfanos en África cuyos padres han muerto de SIDA. Ellos se dan cuenta de que la vida es algo más que las cosas que ellos acumulan. Aunque puede que no lleguen a ser misioneros después en su vida, al menos esta experiencia les da una idea de hacer algo que realmente no sea egoísta.

Dejar que nuestros hijos tengan esta experiencia es una prueba para nosotros como padres, una prueba de nuestra confianza en que Dios cuidará de nuestros hijos. Dejarles salir del país les transmite la idea, siendo pequeños, de que nacieron para la grandeza y ¡destinados para impactar al mundo!

Katie y yo comenzamos a llevar a nuestros hijos en viajes misioneros cuando eran muy pequeños, de hecho, cuando todavía estaban en el vientre. Pero incluso cuando tenían 1, 2 y 3 años, los llevamos con nosotros a diferentes lugares de misiones para que pudieran ver cómo les iba a los adolescentes que llevábamos a los viajes que hacíamos. Siempre los involucramos, incluso cuando solo tenían 4 o 5 años. Algunas veces ellos llevaban algunos de sus juguetes y muñecos de peluche para regalar a los niños que conocían en los viajes, mientras en otras ocasiones le decían a un niño a través de un traductor: "Oye, yo te traje esta muñeca y quería que supieras que Jesús te ama". Nuestros hijos compartían cosas así mientras daban sus juguetes a los niños del mundo. Cada paso del camino, cada viaje que hicieron a África conmigo o a la India con Katie, dejó una impresión en ellos. Estos recuerdos indelebles los marcaron para toda la vida a través de lecciones de cuán bendecidos somos en los Estados Unidos y cómo Dios nos creó para cambiar al mundo.

Cuando nuestros hijos tenían 11 años comenzaron a ir solos a viajes misioneros. Lo que esto realmente significaba era que los acompañaban líderes entrenados y bien probados y un equipo de jóvenes de su misma edad. Esta era una experiencia que ellos podían tener sin que mamá o papá los estuvieran rondando. Ahora bien, esto para nosotros era un gran paso de fe, como lo es para los miles de padres que dejan que sus hijos vayan cada año en estos viajes. De hecho era chocante para nosotros pensar que iban a estos países con otros líderes a pesar de que habían ido a viajes con nosotros muchas veces.

Recuerdo cuando Hannah fue por primera vez a un viaje misionero a Costa Rica cuando tenía 11 años. Fue asombroso escuchar luego sus historias. De hecho, cuando regresó de su viaje de dos semanas, se sentó en mi oficina durante dos horas y me contó historia tras historia acerca de los milagros que habían ocurrido y de cómo el Señor la usó para ministras a otros niños. Al final de nuestra conversación, sus labios comenzaron a temblar y sus ojos se llenaron de lágrimas. Ella exclamó: "Papá, ¡siento que Dios quiere usarme para hacer algo para alcanzar a mi generación!" Dicho eso, comenzó a llorar sin consuelo.

Aunque Hannah creció rodeada de un ministerio y viajó a otros países, no había absolutamente nada que yo pudiera haber dicho que produjera esa reacción. Fue solo cuando Katie y yo la dejamos ir a ministrar por sí misma que Dios puso en marcha el destino dentro de su corazón. A partir de ese momento, ella comprendió que no estaba en esta tierra solo para divertirse, sino que Dios la había puesto aquí con un propósito. Sus hijos experimentarán lo mismo cuando usted busque oportunidades para sacarlos de su propio mundo de manera que Dios pueda poner en marcha el destino dentro de ellos.

## Hágase amigo de soñadores

He dicho esto de muchas maneras, pero permítame decirlo otra vez: Usted puede influir sobre quiénes son los amigos de sus hijos. Muchos padres piensan: *No tengo influencia en nada de lo que mi hijo hace en la escuela*. Eso no es verdad.

Usted puede influir en quiénes son los amigos de sus hijos incluso cuando están en la escuela. Ante todo, cuando son pequeños, siembre en su corazón el deseo de tener los amigos correctos. Eso no siempre significa que ellos van a escoger los amigos correctos, así que usted va a tener que ayudar a moldear a quiénes llaman, con quiénes salen, con quiénes se les permite interactuar cuando salen de la escuela, que es cuando ocurre la mayor parte de la formación. Lo más importante, si usted encuentra jóvenes que realmente están marcando una diferencia positiva, busque maneras de que sus hijos se relacionen con ellos. Al menos, no les permita tener un montón de amigos vividores que están tan sumidos en los medios y la cultura que se les pegue a sus hijos.

## Ponga límites a los medios

Mientras más vean los medios de otros, más se convertirán en parte de los sueños de otros. A lo sumo, esto puede sembrar en ellos malos valores. Como mínimo, les llena las mentes de manera que no sueñen ni piensen: *¿Qué puedo hacer en mi escuela? ¿Qué puedo hacer este verano para cambiar al mundo? ¿En qué debo especializarme? ¿Cuál es mi rol en ayudar a la humanidad deshecha?*

## Dé premios

Establezca incentivos por las buenas notas, demostrar un buen carácter, etc. Premie a sus hijos con palabras, dinero, ánimo, oportunidades, salidas para hacer algo divertido juntos. Si nuestro sistema de valores realmente se trata de valores familiares, y realmente queremos que ellos sean personas creativas, entonces premiemos aquellas cosas que sabemos que llevarán lejos a nuestros hijos. Es una realidad que hay demasiadas familias premiando cosas que no está dirigidas a hacer de sus hijos personas innovadoras, personas que formen y que sean creativas.

## Inspire con historias

Le animo a que constantemente comparta historias sobre los grandes o sobre jóvenes de hoy que han hechos cosas asombrosas para moldear nuestra nación. Usted puede leer una historia breve rápidamente durante la cena. Un par de libros con ejemplos de modelos para imitar en jóvenes son Columbine Courage y *The Power of One*. Estos libros contienen muchas historias sobre jóvenes que han defendido su fe. The Power of One también incluye algunos ejemplos bíblicos que usted puede usar para inspirar a sus hijos a que sean gente que cambia al mundo.

Al final, sus hijos son su herencia para el mundo. Sembrar semillas en ellos desde una edad muy temprana para que usen sus vidas para cambiar al mundo es nuestra función fundamental. Al mantenernos enfocados en la creencia de que "Mi trabajo es ayudarles a soñar el sueño que Dios tiene para ellos y hacer todo lo que pueda para capacitarlos para que logren ese sueño", entonces todos tendremos hijos que impacten al mundo mucho más de lo que lo hemos hecho nosotros.

# SECCIÓN II

# RECREAR UNA CULTURA EN SU IGLESIA QUE ABRUME AL MUNDO

Ahora que hemos examinado cómo ReCrear la cultura en nuestra familia de manera que esta resista al mundo, se impone que volvamos nuestro pensamiento a la iglesia. Hay muchas familias en nuestra comunidad con hijos que necesitan ser alcanzados. Los jóvenes de esas familias, al igual que los jóvenes de las familias cristianas, necesitan saber que hay un grupo y un lugar adonde pueden ir que abraza y reafirma lo que ellos creen y que de hecho les anima a perseverar. No es solo cuestión de lograr que los jóvenes vayan a la iglesia. El asunto cuando ellos llegan es: ¿Qué reciben? Podemos suplicarles u obligarles a venir los domingos, pero ¿qué podemos hacer para crear un ambiente en el que realmente ellos quieran estar? Como ya hemos visto, los padres han obligado a los hijos a ir a la iglesia toda su vida y sin embargo no han influido en su manera de vivir ni en sus creencias.

A medida que usted lea los próximos capítulos, ya sea que usted es un padre bien intencionado o un líder de la iglesia, por favor involúcrese por entero en esta sección del libro. Todos nosotros, como miembros del cuerpo de Cristo, le debemos a una generación más joven el darles la oportunidad justa no solo de tener fe sino de desarrollarse en su fe. Debemos crear un lugar en nuestras iglesias locales en el que ellos tengan la libertad para apasionarse por Dios y al que les encante venir para crecer y recibir respuestas verdaderas a las preguntas que tienen sobre la vida.

# 16

# UNA GENERACIÓN A PUNTO DE EXTINGUIRSE

Jueces 2:10 nos dice que surgió una generación después de Josué y de su generación *que no conocía al SEÑOR ni sabía lo que él había hecho por Israel.* Piense en eso por un instante. Piense en Moisés y en todos los milagros que Dios hizo a través de él mientras sacaba a los hijos de Israel de la esclavitud en Egipto: la división del mar Rojo y todas las plagas que llegaron a Egipto antes de eso. La mayoría de la gente que salió de Egipto había muerto para cuando Josué y Caleb asumieron el liderazgo después de la muerte de Moisés. Bajo el liderazgo de Josué, hubo otra serie de milagros: se secó el río Jordán mientras el pueblo lo cruzaba, los muros de Jericó se derrumbaron, mediante la mano de Dios los israelitas ganaron batalla tras batalla.

Ahora los israelitas estaban realmente en la tierra prometida de la que habían hablado desde hacía tanto tiempo; tenían el favor de Dios. Entraron a la tierra y se establecieron en la bendición que Dios les había dado. Sin embargo, esta nueva generación no conocía al Señor ni sabía los milagros que los habían traído hasta aquí.

Me pregunto si tenemos una situación similar en los Estados Unidos de América. A los fundadores cristianos de nuestro país que trabajaron tan duro para darnos un país con libertad religiosa, se les ha marginado, en el mejor de los casos. La gente que luchó y murió para que tuviéramos un lugar donde el evangelio pudiera prosperar se quedaría pasmada al ver qué es lo que prospera aquí. Hay tantos milagros que nos han dado un gobierno que se convirtió en un superpoder económico porque Dios nos bendijo para que fuéramos una bendición para el mundo.

Ahora que hemos recibido nuestra bendición, ha surgido una nueva generación que espera que esta sea una tierra de privilegio en la que merecen todas las bendiciones que tienen. Por cierto, el mundo secular no creería que Dios tenga algo que ver con sus bendiciones. Corremos el peligro de tener el mismo epitafio que Israel en esta situación de la vida en los Estados Unidos: *creció una generación que no conocía lo que Dios ha hecho.*

## ¿Y qué del cinco por ciento?

Puede que usted haya escuchado sobre la próxima generación de norteamericanos: solo el 5 por ciento será de cristianos que creen en la Biblia.[1] En mi libro *Battle Cry for a*

*Generation*, yo delineé claramente los datos con relación a estas cifras. Aunque algunos disputarían el 5 por ciento, lo que es irrefutable es que el porcentaje es más bajo ahora que nunca en la historia de los Estados Unidos. Por supuesto, hay más personas que van a la iglesia, pero estamos hablando de personas que realmente crean que la Biblia es la Palabra de Dios y que debemos guiarnos por ella, como si fuera una brújula. La Biblia no es un libro de opiniones ni de sugerencias, es un libro de instrucciones de Dios para nuestras vidas. Esta nos da absolutos que nos sirven de pauta para vivir.

Otros estudios confirman el mismo tipo de fenómeno en los Estados Unidos. Por ejemplo, el porcentaje de personas que asistió a la iglesia cristiana el pasado fin de semana es mucho más bajo de lo que afirma la mayoría de los encuestadores.[2] George Barna y otros dicen que el número que asiste a la iglesia cristiana en realidad es de un 47 por ciento, pero cuando usted analiza las cifras reales, todo parece indicar que solo el 17.3 por ciento de la gente en nuestro país va realmente a la iglesia.[3] Además, el grupo The American Church Research Project ha descubierto que el porcentaje de personas que asiste a la iglesia cristiana cada fin de semana disminuyó significativamente de 1990 a 2006. Pasó de un 20.6 por ciento en 1990 a un 17.3 por ciento en 1995.[4] En los Estados Unidos algunas iglesias se cierran y cada año se inician algunas iglesias, pero cuando usted saca cuentas, estamos perdiendo entre 3,500 y 4,000 iglesias al año.[5]

Piense en lo que esto dice acerca del futuro de nuestra nación. Esto es particularmente alarmante si usted considera el aumento de libros ateos en la cultura pop que presentan el mencionar a Dios como una idiotez. En marzo de 2008, Oprah Winfrey comenzó una de las iglesias más grandes del mundo cuando introdujo el libro *Una nueva tierra* de Eckhart Tolle a su club de libros, un libro que abarata la deidad de Dios a un mero "sentimiento".[6] Hay muchos otros libros ateos que se suman a la visión que nuestra cultura de que Jesús solo fue un gran hombre de nuestra historia, como *El espejismo de Dios* de Richard

Dawkins. La película *Saved!* del año 2004 debió haber alarmado a todo cristiano evangélico. La mirada desfachatada a Dios y a la iglesia fue una revisión de la realidad ya que la película se basó en la visión que muchos no creyentes tienen de los cristianos.[7] Por la manera en que los medios se burlan de los cristianos y las iglesias, no es de extrañar que veamos estas cifras.

## Implicaciones

Si pensamos en las implicaciones, antes de que pase mucho tiempo estaremos ante la posibilidad de un Estados Unidos post-cristiano. De hecho, desde muchos puntos de vista, para aquellos que quieren presentar la idea, ya somos post-cristiano. Pero estamos a punto de entrar en un mundo de post-cristianismo que jamás imaginamos.

Piense en la Europa post-cristiana, las miles de catedrales que están vacías cada domingo en la mañana por todas partes y las leyes horribles que hacen o siquiera consideran hacer. Por ejemplo, en Alemania están considerando una ley que una vez que te casas, eso solo dura siete años.[8] En Inglaterra hay desnudos en los periódicos regulares.[9] En Holanda existe un examen de integración que la gente debe pasar para llegar a ser residentes. A las personas se les obliga a observar a homosexuales amorosos y a mujeres vestidas inadecuadamente, con la advertencia de que si no pueden aceptarlo, entonces Holanda no es el país indicado para ellos.[10] En Francia existe un programa de noticias diario que se llama "Noticias al descubierto" que se vende como "el programa que no tiene nada que esconder". Adivinó, en el programa los presentadores dan las noticias en cueros.[11]

Existen otras implicaciones de pasar a ser un Estados Unidos post-cristiano. Piense en el apoyo monetario a las misiones. Cuando el hermano K. P. Yohannan, el fundador de Gospel for Asia, supo de lo del 5 por ciento, me llamó y me dijo: "Ron, ¿te das cuenta lo que va a pasar con el apoyo a las misiones si acabamos con solo el 5 por ciento de personas que sean seguidores de Dios que crean en la Biblia? ¿Qué va a pasar con el evangelismo alrededor del mundo?"

Usted debe considerar la presencia que tenemos en los medios alrededor del mundo. Cuando las personas de otros lugares piensan en los Estados Unidos, piensan en la vida que se muestra en programas de televisión como *Guardianes de la bahía* (Bay Watch) o *Mujeres Desesperadas* (Desperate Housewives). Piensan en MTV y su velocidad de música, videos y otros medios horribles que salen de nuestro país, que destruyen a una joven generación de millones de adolescentes del mundo entero. (MTV está actualmente en 169 países en 28 idiomas.[12])

He recibido cartas y correos electrónicos de pastores del mundo entero que dicen: "Ron, estamos perdiendo a nuestros jóvenes y no sabemos qué hacer. Son más parte de la cultura de ustedes [los Estados Unidos] que de la nuestra. ¿Vendría usted aquí y nos ayudaría a alcanzar a los jóvenes de nuestro país?" Hace poco la CNN produjo un programa especial llamado "God's Warriors" [Los guerreros de Dios] que hablaba sobre el movimiento BattleCry, de cómo estamos tratando de rescatar a los jovenes de la influencia de los anunciantes y de la cultura pop. Me contactó un miembro del parlamento italiano, el mensaje era: "Nosotros tenemos una batalla por nuestros jóvenes aquí. ¿Puede venir y ayudarnos a aprender cómo alcanzar a los jóvenes en Italia?" (Lo menos que se imaginaba la CNN era que nos estaban ayudando a difundir el evangelio.) Al permitir a nuestros jóvenes quedar sumergidos en la cultura, esta los está alejando de las cosas de Dios y teniendo un impacto no solo en los Estados Unidos sino en el mundo entero.

Si usted da un vistazo a algunos de los titulares del capítulo 1, da la impresión de que en los Estados Unidos ya entramos en la época post-cristiana. Pero todavía hay esperanza, y todavía hay oportunidades para cambiar todo esto.

# Nuestra oportunidad

La cúspide de nuestra joven generación nació en 1989, lo que significa que esos muchachos tienen unos 18 años en el momento en que escribo este libro. La mayoría de las personas vienen a Cristo antes de los 20 años.[13] Así que hay una urgencia santa de que vayamos tras esta generación antes de que cumplan los 20 años. Piense en las implicaciones de esa última oración. Todavía podemos captar a la parte más grande de esta generación más joven, pero va a ser necesario que toda la iglesia lo haga, no solo un pastor de jóvenes con mucha onda, no solo un voluntario muy eficaz para trabajar con jóvenes. Será necesario que todo el mundo, desde el pastor hasta los diáconos, los ancianos, los ujieres, el ministerio de hombres, el ministerio de mujeres y el ministerio de ancianos, unan fuerzas a la causa de alcanzar a nuestra generación más joven.

Ahora mismo existe la oportunidad para alcanzar a los jóvenes y rescatarlos antes de que entren en los 20. Piense en aquellos de su comunidad que consumen drogas, las chicas que salen embarazadas, la gente que le pasa por al lado en la tienda con tatuajes y perforaciones, y aquellos que buscan encontrar la familia en una pandilla. Estos son los que necesitan ser rescatados. Los jóvenes de su iglesia necesitan estar profundamente involucrados en las cosas de Dios y equipados para levantarse en contra de la cultura.

Toda la iglesia debe estar dispuesta a cambiar y a ser moldeable para llevar el mensaje probado del evangelio a una generación más joven. La verdad de Dios nunca cambia, pero la manera en que la comunicamos puede y debe cambiar para conectarnos con una generación más joven.

Espero que usted pueda sentir la urgencia que hay en mi corazón. Ahora es el momento, después de dos o tres años de la campaña BattleCry en la que nosotros y otros ministros hemos estado golpeando el tambor y diciendo: "Ahora es el momento de concentrarnos en lo jóvenes." La etapa 2 acaba de comenzar y usted es parte de ella al leer este libro. La etapa 2 es "Creemos algunas respuestas". Convirtamos las iglesias en lugares que realmente reciban a los jóvenes. No dejemos que nos pasen por el lado ni por el lado de nuestras iglesias en búsqueda de alguien en una pandilla o de alguien que trafique drogas y que les acepte más que nosotros o que les ame y tenga más interés por ellos que nosotros.

El cuerpo de Cristo se ha unido en muchos lugares para comenzar a enfocarse en los jóvenes. Ministerios como los de Kay Arthur y Jack Graham (Jack es el pastor de una de las iglesias bautistas más grandes de los Estados Unidos), y gente tan diversa como Chuck Colson y Joyce Meyer se han unido a nosotros para decir: "Más nos vale concentrarnos en los jóvenes ahora o vamos a entrar en una nueva etapa en los Estados Unidos". Si todas estas voces y líderes de ministerios pueden unirse, ¿no podemos nosotros como individuos unirnos para rescatar a los jóvenes de nuestras propias comunidades? Este es el momento. No bajemos las manos para decir: "Bueno, el mundo está tan malo, no sabemos qué hacer". Sí sabemos qué hacer y las iglesias están comenzando a hacerlo por todos los Estados Unidos. No solo los pastores de jóvenes sino iglesias completas se están uniendo para decir: "Seremos los que hagan que sea muy difícil que los adolescentes de nuestra ciudad vayan al infierno".

Cuando siga leyendo encontrará historias de iglesias que están haciendo esto. Su iglesia puede ser parte y debe serlo. Usted puede ser la clave para ayudar a encender el fuego en su iglesia para que los jóvenes ocupen el centro de esta. Juntos podemos transformar todo esto, pero será necesario que cada persona que tenga este libro en sus manos actúe. Siga leyendo e inspírese en otros que han tenido un impacto profundo para rescatar a los jóvenes de sus comunidades.

Para obtener la experiencia completa de ReCrear, visite www.battlecry.com donde encontrará videos y más información.

115

# CREAR UNA IGLESIA A LA QUE LOS ADOLESCENTES QUIERAN VENIR

—Mami, ¿de verdad que tengo que ir?

Estas son las palabras que se escuchan comúnmente cuando los padres tratan de persuadir e incluso sobornar a sus hijos, pequeños y mayores, para que vayan a la iglesia cada semana. Estos padres sienten, de alguna manera, que si tan solo logran que sus hijos vayan a ese lugar (la iglesia), de alguna forma ocurrirá un milagro (muchas veces sucede) y serán transformados. Sin saberlo el joven, Dios tiene un plan para inyectar su vida en ese corazón durante ese servicio en particular.

El hecho es que una vez que los jóvenes vienen a Cristo, tenemos que asegurarnos de que estén involucrados en un ambiente en la iglesia que realmente alimente su fe y les ayude a crecer. Ellos necesitan un lugar que les atraiga y que les haga querer regresar. Demasiado a menudo escuchamos las palabras: "¿De veras que tengo que ir?" viniendo de muchachos que han entregado sus vidas a Cristo. Escuchamos demasiadas cosas como "Amo a Jesús pero no me gusta la iglesia". ¿Por qué? Todos hemos oído o incluso presenciado luchas, escándalos y escaramuzas entre "la familia de Dios" que hacen que la gente se desilusione de la iglesia. Parece que la iglesia no hace en la práctica lo que dicen creer. Bueno, llegó la hora de que todo eso cambie.

## Fuera de la tormenta

La cultura en los Estados Unidos y en el mundo entero es como un huracán que golpea los corazones y las mentes de esta joven generación. Una vez que tengamos jóvenes que comiencen a amar a Dios y que quieran seguir su verdad, necesitamos asegurarnos de que tengan un círculo de amigos y relaciones que ayuden a inspirar su fe.

Quiero sembrar la semilla de una visión en usted para el tipo de iglesia que fomenta este tipo de crecimiento, una visión para el tipo de ministerio juvenil y de iglesia que hace que los jóvenes golpeen las puertas para entrar.

Imagine un lugar donde los jóvenes tienen el fuego de Dios. No pueden esperar para ver a sus amigos, escuchar al predicador, tomar notas y ser desafiados. No solo están absorbiendo sino que están derramando sobre otros lo que aprenden. Imagine un lugar donde los jóvenes se reúnen y adoran con pasión con todo su corazón en lugar de solo estar de pie durante el servicio de adoración. Imagine un lugar donde los jóvenes están tan emocionados de estar ahí que corran al frente al empezar el servicio de adoración para ser los que estén más cerca del altar mientras se desarrolla la adoración. Levantan las manos o están de rodillas cantando con todo su corazón.

Imagine un lugar donde ellos salgan del medio de una tormenta que los golpea y de una cultura que está tratando de destruirlos, cuando entren a la iglesia. En cuanto pasan por la puerta dicen: "¡Vaya! Estoy en casa. Siento el fuego de Dios y aquí me siento normal".

Imagine una iglesia en la que los adultos se han unido alrededor de los jóvenes a tal punto que no existe la mentalidad "ellos y nosotros". Las personas mayores: adultos, mamás, papás y abuelos, abrazan a los jóvenes. Todos los adultos les dan la bienvenida a la iglesia cada domingo.

Imagine un lugar donde los jóvenes realmente están involucrados en los servicios del domingo en la mañana como parte del grupo de alabanza, como ujieres, como parte del equipo del ministerio o del equipo de oración. Imagine un lugar los domingos en la mañana donde tanto la adoración como la predicación no sea algo con lo que solo la gente de 40 a 60 años se puede identificar, sino que realmente llegue a los corazones de gente de 16 a 18 años. Están ansiosos por estar ahí y se sientan en la fila del frente y no en la parte de atrás del templo.

Lo que acabo de describir es de lo que estamos hablando: crear un ambiente que sea un refugio seguro para la fe de los jóvenes, donde sus corazones y sus relaciones les van a ayudar a estar protegidos de la cultura cotidiana. A estas iglesias les llamamos *la iglesia de la próxima generación*. En los próximos capítulos voy a describirle como son estas iglesias y cómo su iglesia, grande o pequeña, pueden convertirse en una iglesia de la próxima generación.

## Los jóvenes saben...

Podemos decir que amamos a los jóvenes y que nos importan, pero ellos saben si son amados y aceptados o no. Podemos tener un programa para jóvenes y un edificio con luces y sonido para jóvenes, pero ellos saben si la congregación les da importancia. Quizá no se dice ni una palabra. Tal vez es la mirada de una persona de 50 años mientras un joven pasa por su lado con cierta actitud, aretes o un peinado que es desagradable para los adultos, así que miran con malos ojos a este joven. Ese joven no regresará porque no se siente bienvenido. No hay ninguna razón por la que este joven deba ser parte de la iglesia. El primer paso para convertirse en una iglesia de la próxima generación es examinar nuestros corazones en busca de la actitud que acabo de describir.

Lo próximo es que no podemos simplemente tirar el dinero en el plato de la ofrenda y decir: "Vaya, hagan un ministerio para los jóvenes". El corazón de la iglesia realmente tiene que comenzar a interesarse por los jóvenes. Mientras más conocemos de la destrucción que se perpetrando a esta generación, con más pasión nos interesaremos.

A usted debe interesarle o no estaría leyendo este libro. Para aquellos de nosotros que amamos a los adolescentes, nos corresponde ayudar a que otros se interesen *poniendo en sus manos libros como este*. Tenemos que hacer que vean videos y que escuchen las historias de jóvenes que sufren y que realmente han sido cambiados por el Señor. Necesitamos presentar estas historias y estadísticas frente a nuestra congregación para ayudar a que la gente llegue a amar y alcanzar a los jóvenes.

El primer paso es unir a los adultos de su iglesia por la causa del ministerio de jóvenes. Usted puede hacerlo de una manera muy práctica al usar este libro o mi libro *Battle Cry for a Generation*. Utilice la guía para discusión en grupos pequeños de adultos que viene con cada libro para llevar a cada grupo en una jornada de seis semanas con el objetivo de comprender lo que la cultura está haciendo a los jóvenes y lo que podemos hacer como respuesta.

## Servicios dominicales

Es importante que los jóvenes no vengan simplemente a "pasar el tiempo" los domingos por la mañana. Muchos servicios de las iglesias son así. A los jóvenes se les obliga a ir y se sientan allí como si estuvieran presos. ¿No preferiría usted ver el tipo de iglesia en la que los jóvenes sintieran que se conectan con el pastor principal y que puedan abrazar aquellas cosas que la iglesia defiende? ¿No le gustaría verles tomar más notas en los sermones que los adultos? Puede ser y de hecho está sucediendo en iglesias, como usted verá en los próximos capítulos.

Los estudios generales muestran que incluso los jóvenes que crecieron en la iglesia no siguen asistiendo una vez que van para la universidad. Los estudios muestran que el 88 por ciento no sigue en la iglesia.[1] Bueno, eso tiene que cambiar. La única manera de cambiar es hacer que los niños sean parte de la vida de la iglesia mientras son pequeños y tratar los asuntos que son importantes para ellos desde el punto de vista bíblico. Necesitamos que los jóvenes abracen lo que sucede los domingos en la mañana. Necesitamos asegurarnos de que lo que sucede en la iglesia alimente sus almas. Necesitamos asegurarnos de que nosotros como pastores y predicadores estamos hablando a la vida y el corazón de un joven (no hablando solo a los adultos).

Los mensajes del domingo no pueden ser solo temas superficiales que mantengan a los adultos satisfechos y haciendo que los diezmos sigan entrando. No estoy sugiriendo que los pastores tengan que usar aretes ni vestirse con ropa de adolescentes. Pero los jóvenes saben si usted los ama y les presta atención por la manera en que ha preparado su sermón. Cualquiera que sea el tema sobre el que usted está predicando, tiene que involucrar a estos jóvenes. Déles algo en lo que pensar. ¡Déles información cultural con la que se puedan identificar e historias que les hagan saber que son parte de la iglesia! Ellos no son solo un apéndice, sino una parte vital de la iglesia ahora. Si esperamos que se queden en la iglesia cuando sean mayores, tienen que ser parte de la iglesia ahora.

## Crear una subcultura

Todos vivimos en una cultura dentro de nuestro vecindario y comunidad. Hasta ahora hemos examinado gran parte de la cultura que es tan destructiva para los adolescentes y que los está acabando. Ellos necesitan un refugio seguro al que puedan huir de la cultura. En toda iglesia hay una cultura que usted puede percibir en el momento en que pase por la puerta. *¿Se sentirán los adolescentes más conectados con su iglesia y con su ministerio juvenil que con el mundo?* Considere la pregunta en términos de lo que usted sabe acerca de su iglesia.

Cuando una persona le pregunta a un joven qué les gusta, las respuestas típicas incluyen los grupos musicales favoritos, el fútbol y otros deportes, la música, etc. ¿Cree usted que un joven responde alguna vez: "Ah, ¡mi iglesia! ¡Es tan emocionante! ¡Estoy loco por regresar cada semana. Tenemos un tremendo grupo de jóvenes. Dios está haciendo cosas maravillosas. Me encanta ir, ¡tienes que ir conmigo!" No me malinterprete, esa respuesta podría darse y se está dando. Se dará en los jóvenes de su iglesia cuando usted y otros creen una cultura que inspire, faculte y deje saber a los jóvenes que usted está comprometido con ellos de una manera muy profunda.

Piense en la iglesia Hillsong, por ejemplo. La cultura en Australia, en sentido general, es muy secular. No hay mucho de herencia cristiana popular. Sin embargo, la iglesia Hillsong, que ahora cuenta con unos 20,000 a 30,000 miembros, ha creado una subcultura para los jóvenes y los adultos que domina sobre la cultura atea ampliamente.

Cuando este tipo de cultura se apodera de una iglesia, es un marco de referencia para cambios en la vida. La iglesia no trata de competir con el mundo para estar en onda. A los que asisten no les importa lo que diga la cultura del mundo porque les emociona tanto la cultura de la iglesia que ha cambiado sus vidas. El ministerio allí continúa y hace que la gente siga regresando. Es algo que da vida, es emocionante, estimulante. Es una aventura.

Es posible vivir en una sociedad extremadamente secular con una subcultura floreciente dentro de la iglesia que alimente a las personas al punto que la iglesia no solo existe, sino que crece en medio de esa sociedad secular. Como resultado, los adultos y los jóvenes se desarrollan en su fe y llegan a ser más como Jesús a pesar del esfuerzo que hace la cultura secular por arrastrarlos.

Después de visitar a la iglesia Hillsong, cada persona que conocí, que estaba conectada con la iglesia, parecía vivir realmente en un planeta diferente al resto de las personas en Australia. La cultura del país tenía muy poco efecto sobre ellos.

## Bastante bueno no es lo suficientemente bueno

Constantemente escucho a las iglesias y a las denominaciones decir: "Tenemos un ministerio juvenil bastante bueno". La meta no solo es tener un buen grupo de jóvenes. ¡Eso no es suficiente! Tenemos que tener una iglesia que dedicada a ganar el corazón del joven y que se organice de manera tal que cree una cultura que dé vida a los jóvenes.

He conversado con líderes de denominaciones que dicen cosas como esta: "Pero Ron, invertimos $1.5 millones de dólares en los jóvenes de nuestra denominación el año pasado". Eso es tremendo, pero si realmente estamos perdiendo una generación, no importa cuánto hayamos invertido en nuestros jóvenes. Si seguimos perdiendo gente, lo que estamos haciendo no es suficiente.

El director nacional de jóvenes de la misma denominación que hizo la afirmación anterior me mostró un gráfico y una tabla que mostraban cómo han crecido sus grupos de jóvenes en los últimos 5 a 10 años. A él le parecía que estaban haciendo un trabajo bastante bueno. Sin embargo, luego de una explicación completa, le hice un gráfico del crecimiento de la población de esta generación en los Estados Unidos. El crecimiento en la población en general era mucho más alto que el porcentaje de crecimiento en los ministerios de jóvenes de su denominación. Aunque él estaba celebrando el hecho de que su denominación estaba creciendo, ¡en realidad estaban perdiendo terreno!

Estamos perdiendo terreno y la iglesia está celebrando. Según un estudio de Bill Easum en 2003, aunque el número de iglesias en los Estados Unidos ha aumentado en un 50 por ciento durante el siglo pasado, la población ha aumentado en un 300 por ciento.[2] ¿Cómo podemos celebrar cuando estamos perdiendo los cimientos cristianos de esta nación?

En 1983, las empresas gastaron $100 millones de dólares en marketing dirigido a los chicos. Hoy están gastando casi $17 mil millones anualmente.[3] ¿No deberíamos trabajar tan arduamente, o más arduamente, que empresas como MTV para alcanzar y rescatar a nuestros preciosos jóvenes? Los jóvenes saben cuando entran en una iglesia si se les valora, si se invierte en ellos y si se ha pensado en ellos lo suficiente como para realmente sentirse como miembros valorados dentro de la comunidad de la iglesia.

Las iglesias de la próxima generación tienen ese tipo de cultura. Las iglesias de la próxima generación crean un lugar seguro en medio de la tormenta cultural en el que los jóvenes pueden desarrollarse y tomar la antorcha del evangelio para llevarla al futuro. Son el tipo de iglesias en las que los adolescentes quieren involucrarse por completo.

La visión que necesitamos abrazar es el sueño de que 100,000 iglesias de todos los Estados Unidos y del mundo entero se conviertan en iglesias de la próxima generación. ¿Abrazará usted esa visión por el bien de la generación de sus hijos? ¿Por el bien de su país?

Para obtener la experiencia completa de ReCrear, visite www.battlecry.com donde encontrará videos y más información.

121

# 18

# *SOÑADORES PARA DIOS*

*Después de esto, derramaré mi Espíritu sobre todo el género humano. Los hijos y las hijas de ustedes profetizarán, tendrán sueños los ancianos y visiones los jóvenes.*
JOEL 2:28

Puede que usted piense: *Yo no tengo mucha onda, no tengo aretes ni tatuajes. ¿Qué puedo hacer para identificarme con los jóvenes? No quiero vestirme como mi hijo o hija de 16 años.* Muchos tenemos las mismas preguntas. Entonces, ¿cómo podemos llegar a los jóvenes? ¿Qué podemos hacer para alcanzarlos?

Bueno, si usted analiza a los ejecutivos que dirigen MTV (puede buscarlos en el Internet), verá que tan poco son gente "con onda". Simplemente son ejecutivos. Son los estrategas, los pensadores, los inteligentes y son los que están tramando cómo pueden tener la mayor influencia e impacto en tantos millones de jóvenes como sea posible. Necesitamos ser la contrapartida cristiana de estos estrategas para adolescentes del mundo secular. Nosotros, como pastores, líderes y ancianos, necesitamos ser quienes se unan alrededor de la generación más joven y decir: "Vamos a hacer que sea difícil que se vayan al infierno, Vamos a descubrir dónde están, en qué andan, cómo alcanzarlos y qué lugares visitan".

¿Se ha fijado usted alguna vez como los ejecutivos de MTV contratan gente con onda para que haga el trabajo de ellos en sus programas de televisión? Nuestro trabajo es igual: Contratamos pastores juveniles con onda y alumnos en edad universitaria para que sean los mentores de nuestros jóvenes e implementen la estrategia que les hemos ayudado a diseñar para llegar a estos jóvenes. Es inherente al trabajo de los líderes de la iglesia pasar la antorcha del evangelio a la próxima generación. Por lo tanto, el pastor tiene que verse a sí mismo como el jefe estratega para garantizar la propagación del evangelio a las generaciones futuras.

Joel 2:28 es el versículo que usualmente escuchamos en la iglesia cunado hablamos de llegar a los jóvenes, cuando pensamos en que necesita ocurrir un avivamiento en la generación más joven. Nos emocionamos ante la expectativa de que eso va a suceder. Muchas personas dicen: "Sí, quiero que mis jóvenes sean parte de ese avivamiento cuando Dios realmente derrame de sí sobre la joven generación".

Pero en lugar de concentrarnos en esa parte de Joel 2:28, quiero llamar su atención a la frase "tendrán sueños los ancianos".

Yo solía pasar por alto la mayoría de las veces esa parte del versículo porque estaba tan emocionado con la parte de los jóvenes que pensaba: "Me falta mucho para ser anciano, así que no voy a hablar ni pensar mucho en lo de los ancianos tendrán sueños". Pero es la gente mayor en nuestra sociedad quienes tienen los sueños para la generación más joven así que deben ser los mayores de la iglesia quienes tengan sueños que involucren y conciernan a la más joven generación.

## Ellos no pidieron esta basura

Cuando pensamos en el bombardeo cultural que cae sobre nuestros adolescentes, ya sean las cosas que se les venden, las que se escriben para ellos —música y películas— o la pornografía que tienen a su alcance con solo dar un clic, hay algo en lo que todos podemos estar de acuerdo: *nuestros hijos no fueron quienes las inventaron.*

En general, cada una de estas influencias sociales, ya sean los medios de entretenimiento, los inventos tecnológicos o las oportunidades en el Internet que están destruyendo a los niños, estas cosas las soñó una generación más adulta. En muchos sentidos, estos soñadores mayores se están aprovechando de nuestros jóvenes porque los jóvenes tienen mucho dinero para gastar. Apelan a los deseos más elementales de los jóvenes para hacer que gasten su dinero. Pero el hecho es que los jóvenes no pidieron esta basura; gente que quiere hacer mucho dinero les vendió esta basura. Por supuesto que ellos nos dirán: "Si la gente no lo comprara, nosotros no lo haríamos", como si fuera una obligación moral vender cosas a la gente que las destruya solo porque la gente las comprarán.

Como resultado los jóvenes piensan: "Yo quiero mi MTV".[1] ¿Es realmente "su MTV" o es la MTV de otra persona donde encuentran su identidad? Los jóvenes dicen: "Quiero esos pantalones. Quiero esa música. Quiero ese nuevo disco." Otra persona les ha hecho sentir importantes al hacerles sentir que la empresa está haciendo algo "especial para ellos". Como resultado, los jóvenes absorben y digieren letras, valores y un estilo de vista que los destruye por completo. (Por favor, tenga en cuenta que ellos no lo pidieron, se les tentó con él y se creó en ellos un deseo de tenerlo. Fue la generación adulta de gente secular quienes soñaron estas ideas perversas para atraer y atrapar a nuestros jóvenes.)

Una vez más hago la pregunta: ¿Somos soñadores? ¿No podemos nosotros, la gente que ama a Dios, tener un sueño para los jóvenes de nuestras iglesias? ¿No podemos tener un sueño para los jóvenes de nuestras comunidades? ¿Es solo la cultura secular quien tiene un sueño para nuestra juventud?

## Soñadores para Dios

En Joel 2:28 vemos que los ancianos tendrán sueños. ¿Cómo sería tener 100 jóvenes, 500 jóvenes, 1,000 jóvenes en los grupos de jóvenes de nuestras iglesias? ¿Cómo sería tener un increíble grupo de alabanza para los servicios de los miércoles en la noche donde nuestros hijos estén locos de amor por Dios? ¿Qué haría falta para tener buses que recojan a los chicos que no tienen quién los traiga a la iglesia los domingos en la mañana ni los miércoles por la noche? Me pregunto: *Si Dios realmente quiere tocar y rescatar a esta joven generación, ¿está él esperando que los hombres mayores, que todos los adultos, las mamás y los papás sueñen a favor de los jóvenes? ¿Dónde están los soñadores?* Si no soñamos así, los jóvenes no vendrán.

¿Y usted? ¿Puede usted soñar con domingos en la mañana en los que los jóvenes ansían estar en la iglesia y que arrastran a sus amigos con ellos? ¿Puede usted soñar que no tiene que "empujar" a sus hijos para que inviten a la gente porque ellos ansían invitarla? ¿Dónde está la gente que puede soñar en grande lo suficiente como para abarcar a los jóvenes de toda su comunidad? ¡Vamos! Podemos hacer esto juntos. Será necesario que gente común como usted y como yo, mamás y papás, empresarios y abuelos digan: "Yo creo que Dios quiere hacer algo maravilloso con los jóvenes de esta comunidad. Y yo quiero ser parte de eso".

Me encanta el concepto del "Centro de sueños" que se le ocurrió a Tommy Barnett y a su hijo y que las iglesias de todo el país están adoptando. Es un centro de alcance para gente que está derrotada.[2] En realidad, cada una de nuestras iglesias debiera ser un centro de sueños para jóvenes, que sueñe con rescatar a la joven generación. No es solo una obligación: "mejor lo hago o se perderán". Dios está obrando y quiere derramar su Espíritu. Él está esperando que alguien dé el paso con un sueño para los jóvenes.

El sueño tiene que ser no solo para los jóvenes de nuestra iglesia sino también para los de la comunidad. ¿Cómo podría ser un centro así para jóvenes? ¿En qué podrían convertirse estos jóvenes? En jóvenes, hombres y mujeres, que hacen viajes misioneros, cambian al mundo, influyen en sus escuelas, comienzan ministerios, escriben libros y hacen cosas maravillosas para Dios mientras son jóvenes. Tenemos que deshacernos de la mentalidad de: "Concentrémonos en los nuestros" y pensar que tenemos éxito cuando nuestras jóvenes no están embarazadas o nuestros jóvenes no consumen drogas. ¡¿Qué cosa es esa mentalidad?! Es una mentalidad de supervivencia. ¡Tenemos que soñar con pasión un sueño que sea más grande que nosotros mismos y con pasión ir tras estos jóvenes! Tiene que consumirnos e hipnotizarnos el cómo poder ganar el corazón de esta generación antes de que el mundo lo haga. Eso es lo que debe dominar nuestras vidas. Eso es lo que hacen los soñadores. Están constantemente generando ideas, buscando lo que Dios quiere hacer y lo que quiere hacer a través de ellos. Los soñadores sueñan.

# Y si

Un soñador es alguien que pregunta "¿Y si…?" Es como Jonatán, el hijo del rey Saúl, y su escudero quienes dijeron: "Quizá haga algo Jehová por nosotros".[3] Jonatán era un soñador.

Necesitamos ser como él y preguntar "¿Y si Dios quiere 1,000 jóvenes en mi iglesia?" Quizá quiera 2,000 o 5,000. ¿Y si Dios quiere derramar su Espíritu en infinidad de jóvenes? ¿Qué sería necesario? ¿Qué tendríamos que hacer para estar listos para eso como iglesia, como personas, en un estudio bíblico o una clase el domingo por la mañana? ¿Y si Dios quiere hacer algo maravilloso los domingos por la mañana con los jóvenes? ¿Cómo tendrían que ser nuestros cultos? ¿Y si él quiere usar a su iglesia para que sea un centro donde se rescate a una generación? Una vez que ellos vengan a la iglesia, ¿qué hará su iglesia con ellos? ¿Cómo los instruirá la iglesia? ¿Cómo los capacitará la iglesia para ser líderes, instructores de otros jóvenes? Pregúntese, ¿y si…y si Dios quiere hacer esto? ¿Qué significaría y que tendríamos que hacer todos para estar preparados y contribuir en gran manera a que suceda?

## Comienza con los pastores y los líderes de la iglesia

Los pastores y los líderes de la iglesia tienen que ser el ejemplo. Sé que muchos miles de pastores y líderes de iglesias ya se han sumado, como he dicho en varias conferencias nacionales para pastores principales. Ha sido estremecedor ver, literalmente, a cientos de pastores llorando al comprender que se han concentrado en los adultos y se han olvidado de los jóvenes. El futuro de su iglesia y el futuro de la iglesia en los Estados Unidos están en riesgo.

Pastores, ustedes influyen grandemente en los corazones y las mentes de su iglesia. No es solo que ustedes controlan la administración del dinero, claro que lo hacen, junto con los miembros de la junta. Estoy hablando de cómo las personas ven y piensan sobre lo que es visible. Si su pastor ha abrazado y adoptado una pasión por los jóvenes, él estará constantemente poniendo el mensaje ante la iglesia mediante videos, anuncios, publicidad en los boletines, historias o testimonios. A menudo la verdad es: "ojos que no ven, corazón que no siente". Pero mientras más nosotros, como pastores, pongamos el mensaje frente a los miembros de nuestra iglesia, más nuestros corazones se involucrarán con la misma pasión. No se trata solo de hacer un anuncio: "Oigan, ahora vamos a ser una iglesia que se enfoque en los jóvenes". Tiene que ser que atraigamos constantemente a la congregación y eso comienza con que el pastor, los diáconos y los líderes tengan el sueño.

Este es un momento de crisis para *nosotros ser los soñadores*, pues como hemos visto, *los soñadores dominan la cultura de una manera negativa*. Un sueño atrae a la gente. Cuando uno comienza a actuar de acuerdo al sueño que Dios le ha dado, este atraerá a los jóvenes para querer ser parte de su iglesia. Comience por involucrar a los jóvenes que ya son parte de su iglesia y emociónelos con la iglesia de tal manera que ellos traerán a sus amigos. Cuando los líderes de la iglesia comiencen a soñar, entonces usted puede comenzar a ayudar a la congregación a captar el sueño.

¿Qué podrían ser nuestras iglesias si realmente nos convirtiéramos en iglesias de la próxima generación? Piense a cuánto jóvenes que sufren y están destruidos podría ayudar una iglesia que vuelve su corazón hacia sus jóvenes, como dice Malaquías.[4] Los corazones de la gente en su comunidad se volverán a usted y a Cristo porque usted les ha dado la prioridad suficiente como para soñar a favor de ellos y hacer el sueño realidad.

## Planificar el sueño

El ministerio Teen Mania ofrece materiales para ayudar a las iglesias a soñar y armar un plan que permita que el sueño se convierta en realidad. Todo se encuentran en el libro *Revolution Youth Ministry* y en el currículo llamado *Double Vision*. (Puede pedir estos materiales en línea en www.BattleCry.com.) Obtener el currículo *Double Vision* es como tener un seminario en una caja. Nos gusta decir que cuando pase un día con este currículo con sus líderes, tendrá un plan de doce meses para duplicar e instruir a su ministerio juvenil.

El plan más amplio en Double Vision, transformar la difícil situación que tenemos en los Estados Unidos, es similar al plan que las naciones del mundo entero están comenzando a implementar: concentrarse en los jóvenes. Como iglesia local, necesitamos comenzar a concentrarnos en los jóvenes como nunca antes.

*¿Qué quiere decir concentrarnos?* No significa simplemente hacer énfasis en algo o hablar de algo. Significa actuar.

*¿Qué tipo de acción?* Necesitamos alcanzar a más jóvenes.

*¿Cuántos más?* Tantos como sea posible.

Este es el desafío que hemos comenzado a lanzar. Cuando entrenamos a líderes de jóvenes, les pedimos que se pongan la meta de duplicar el tamaño de su grupo de jóvenes en el curso de los próximos doce meses y de instruir a los jóvenes de una manera agresiva para convertirlos en seguidores empedernidos de Cristo que amen la Palabra de Dios. Si tan solo lo duplicamos, acabamos con una iglesia llenada de lo que yo llamo cristianos "hurra". Esta gente aplaude y grita en la iglesia pero en realidad viven de una manera muy impía porque la Biblia no se ha convertido en la brújula de su vida. Todavía creen que la Biblia es el "librito de opiniones" de Dios. Si prefieren no hacer lo que dice, entonces no lo hacen. El discipulado significa instruirlo para amar a Jesús y su Palabra tanto que cambian su manera de vivir para alinearla con lo que él dice en la Biblia que ellos deben hacer.

Así que cuando decimos "duplicar e instruir," realmente queremos que las iglesias se sumen al decir: "Está bien, podemos hacerlo, Podemos llevar a nuestro grupo de jóvenes de 10 a 12. Podemos llevarlo de 20 a 40." No solo estamos haciendo énfasis en el tamaño de los grupos sino que también estamos instruyendo a los pastores de jóvenes para que realmente comiencen a discipular y fomentar la fuerza en sus jóvenes para que estos puedan defender su fe y comunicarla de una manera que sea atractiva.

Para obtener la experiencia completa de ReCrear, visite www.battlecry.com donde encontrará videos y más información.

# ANATOMÍA DE UNA IGLESIA DE LA NUEVA GENERACIÓN

Cuando una iglesia se convierte en una iglesia de la próxima generación, tendrá un ministerio de jóvenes creciente y próspero que se duplica y que instruye; pero es mucho más que eso. Es donde toda la iglesia se reúne alrededor de los jóvenes. Ven que no solo es cuestión del pastor de jóvenes o ni siquiera función del pastor. Esta ha sido la misión de la iglesia desde el comienzo, transmitir la fe a toda una generación.

## Los ingredientes de una iglesia de la nueva generación

Analicemos los ingredientes fundamentales de una iglesia de la nueva generación y luego algunos ejemplos de iglesias que están mostrando este tipo de necesidad y productividad para alcanzar a los jóvenes.

### 1. Una iglesia de la nueva generación comprende la necesidad de alcanzar a los jóvenes.

En una iglesia de la nueva generación toda la congregación comprende la necesidad de alcanzar a esta generación. Lo que está en riesgo si nos convertimos en una nación post-cristiana es tan grande que su iglesia como cuerpo tiene que planificar y rescatar a tantos adolescentes como sea posible. Se ha educado cuidadosamente a todos los adultos de la iglesia para comprender la necesidad que se convierte en el foco y centro de la agenda de la iglesia. Como mencioné antes, mantener actualizada a su iglesia con estadísticas, historias y testimonios de lo que está sucediendo con los jóvenes, con testimonios en vivo o con videos, mantiene la necesidad delante de la gente de manera continua.

### 2. Una iglesia de la nueva generación planifica a la ofensiva para que el ministerio juvenil crezca

Las iglesias de la nueva generación han asumido la tarea no solo de interesarse en los jóvenes sino de poner ese interés en acción. Si vamos a ReCrear la fibra de esta generación, tenemos que hacerlo de uno en uno, de iglesia en iglesia. Armar una estrategia agresiva para duplicar su ministerio juvenil requerirá que toda la iglesia se involucre. Sí, usted tiene que estar comprometido con el ministerio juvenil lo suficiente como para obtener voluntarios suficientes que apoyen al pastor de jóvenes. Toda la iglesia tendrá que apoyarlo: orando, interesándose, sirviendo como voluntarios y dando dinero.

Hemos lanzado el desafío de tener 100,000 iglesias que dupliquen e instruyan a sus grupos de jóvenes cada año durante los próximos cinco años. Unas 3,000 iglesias están en medio de ese proceso mientras escribo este libro.[1] Hay tantas historias emocionantes de iglesias que realmente lo están haciendo y mencionaremos algunas en el próximo capítulo. Esto incluye congregaciones tanto grandes como pequeñas. Algunas iglesias comenzaron con un grupo de 10 jóvenes y terminaron con 20 ¡o incluso 50! Hay iglesias que comenzaron a duplicarse y pensaron que les tomaría un año pero acabaron duplicándose en dos o tres meses.

Lo bueno es que cualquiera puede hacerlo con los materiales del taller *Double Vision* que mencioné al final del capítulo anterior. Este libro y currículo es un seminario que muestra a los líderes de jóvenes cómo convertir en realidad el sueño que tienen para su ministerio juvenil al planificar y ejecutar el plan. En lugar de simplemente apaciguar a nuestros jóvenes al entretenerlos mientras "pasan tiempo" en la iglesia, llegó la hora de que soñemos con ir tras los jóvenes de nuestra comunidad y luego hacer un plan para duplicar e instruir a los que componen esa cifra. Es un ingrediente clave para la iglesia de la nueva generación.

### 3. Una iglesia de la nueva generación involucra a todo el mundo

Ya que todo el mundo en la iglesia siente la necesidad, el próximo paso es presentar constantemente la visión e invitar a la gente de la congregación para que se involucren en el plan de duplicar e instruir. Se necesitan mentores. Se necesitan personas para hornear galletas y dulces. Se necesitan choferes. Se necesitan anfitriones para grupos pequeños. Se necesita gente que imprima los materiales y los entregue. Se necesita gente que ame a los jóvenes y derrame en ellos su vida. El ministerio de hombres, el ministerio de mujeres y el ministerio de adultos se pueden involucrar en el sueño de ganar a los jóvenes.

No existe un ministerio en su iglesia que no tenga un lugar vital en tocar y rescatar a una joven generación. La urgencia del momento lo requiere.

### 4. El servicio dominical de una iglesia de la nueva generación refleja su compromiso para con los adolescentes

Nuestros servicios dominicales deben concebirse deliberadamente para involucrar a los jóvenes mediante la música y el mensaje e involucrarlos a ellos en el servicio como tal, desde el espíritu de los adultos que ame a los jóvenes y los abracen, hasta orar por ellos cuando pasen al frente a entregar su corazón a Jesús. De una forma muy real, no hace falta que un muchacho asista a una iglesia de ese tipo durante mucho tiempo para que diga: "Oye, ¡esta gente me quiere! Se interesan por mí".

Esto no significa que su servicio dominical se convierta en un culto de jóvenes; pero si pudiera significar que los adultos tengan que dejar a un lado algunas de sus preferencias. Piense en la gente de 60 a 70 años que preferirían cantar "Tal como soy" durante cien domingos consecutivos, pero escogen escuchar una adoración un poquito más acelerada en un estilo que no prefieren porque tienen el gozo de ver jóvenes adorando con todo su corazón. Tienen la certeza de saber que están poniendo la antorcha con firmeza en manos de la próxima generación.

Ha llegado el momento de que nosotros, como generación más adulta, renunciemos a preferencias que consideremos "santas". Un cierto estilo de música no es santo. La Palabra de Dios es santa. La verdad es santa. Hacer que la verdad de Dios sea algo con lo que una generación más joven se pueda identificar es el nivel más alto de virtud en el que podamos vivir para hacer que el evangelio sea accesible para la próxima generación.

## Algunos ejemplos de iglesias de la próxima generación

¿Dónde queda su iglesia en estas cuatro características: alcanzar, crecer en número, involucrar a todos, reflejar el compromiso? A medida que usted avanza hacia convertirse en una iglesia de la nueva generación, es importante que estas cuatro características estén al frente y al centro de las prioridades de su iglesia en la medida que usted revisa y fomenta a partir del nivel en el que se encuentra cada una de estas cuatro esferas. Ahora veamos algunos ejemplos de iglesias que están haciendo un trabajo magnífico para ser iglesias de la próxima generación.

### Iglesia Hillsong en Sydney, Australia

Ya dije que la iglesia Hillsong en Australia es una iglesia grande. Desde el comienzo ellos han estado enfocados en la juventud. Muchos de ustedes han oído hablar de la líder de adoración Darlene Zschech y sus canciones, incluyendo la más conocida "Canta al Señor." Pero pronto comenzamos a oír acerca del ministerio juvenil Hillsong United y del grupo musical Hillsong United, que se convirtió en el grupo musical de los servicios de jóvenes y en un fenómeno en sí mismo. Si usted ve a la iglesia Hillsong un domingo en la mañana, sentirá el espíritu y el corazón de los jóvenes. Sentirá y verá una adoración muy animada en la que tanto jóvenes como mayores se deleitan. Escuchará mensajes que hacen que los jóvenes ansíen regresar para escuchar más. Usted verá un servicio los viernes en la noche para adolescentes que están muy emocionados con regresar los domingos en la mañana. Es como si hubiera un avivamiento todos los fines de semana. Usted verá toda una iglesia que ama a los jóvenes y ansía ofrecerse de voluntaria y ayudar con el ministerio de jóvenes. Usted verá a gente mayor que se regocija porque los jóvenes están inundando el frente y adorando con un estilo de adoración con rock que pudiera no ser su preferencia musical pero les da alegría ver a la próxima generación celebrar de lleno a Dios.[2]

Como me dijo hace poco Mark Hopkins, director del instituto Hillsong International Leadership Collage: "Decidimos como iglesia que toda nuestra experiencia como iglesia sería para alcanzar a la próxima generación, no solo para disfrutar nosotros. Así que eso está en el ADN de todo lo que hacemos. Nuestra adoración, nuestra predicación y nuestros programas están todos enfocados en alcanzar a la próxima generación".

### Iglesia Bautista Prestonwood (Prestonwood Baptist Church) en Dallas, Texas

El pastor principal, Dr. Jack Graham, se sentó conmigo luego de que yo escribí *Battle Cry for a Generation*. Almorzamos juntos para hablar sobre los asuntos reales que está enfrentando esta joven generación. Al final de nuestra conversación, él me invitó a regresar y hacer una presentación sobre *Battle Cry* para todo su personal de unas 300 a 400 personas. Regresé unos meses después e hice un seminario de tres horas sobre "El estatus de los adolescentes en los Estados Unidos" y lo que podemos hacer al respecto. Los invité a ser una de las iglesias que dupliquen e instruyan.

Cuando terminé, el Dr. Graham se puso de pie y proclamó que el año siguiente, 2007, sería apartado como *El año del estudiante*. Él quería que toda la iglesia concentrara sus fuerzas alrededor de los ministerios para estudiantes. De hecho apuntó a los diferentes departamentos representados en la habitación ese día y dijo: "Aquellos de ustedes que están involucrados en el ministerio de las mujeres, quiero que se involucren en el ministerio juvenil y aquellos que están involucrados en el ministerio de ancianos, también necesitan buscar una manera de involucrarse en el ministerio estudiantil". Entonces tuvieron un tiempo de oración en el que todo el personal del ministerio estudiantil pasó al frente y el resto del personal oró por ellos. Durante todo el año celebraron *El año del estudiante*. Fue visible para toda la congregación, que tiene más de 20,000 personas de manera habitual. Todo el mundo en la iglesia sabía acerca de *El año del estudiante*. El mensaje constante era "vamos en busca de los jóvenes como iglesia".

Hace poco hablé con ellos con relación al año 2008; el Dr. Graham lo proclamó *El año del evangelismo*. Ya que la mayoría de las personas viene a Jesús antes de los 20 años, es como tener otro año del estudiante. Eso fue muy inteligente de parte del Dr. Graham, ¿no le parece? Él también ha usado su influencia para hacer que otros pastores de su círculo se involucren con BattleCry y la causa de alcanzar a los jóvenes. Él usó su credibilidad y sus relaciones para ayudarles a captar la visión y la necesidad de alcanzar a los adolescentes ahora. Lo hizo al entender que no es solo un asunto de su iglesia, es cuestión de que todo el cuerpo de Cristo tenga en su corazón el rescatar a esta generación.[3]

### Iglesia New Life en Colorado Springs, Colorado

Como usted debe saber, la iglesia New Life fue el escenario de un tiroteo en diciembre de 2007. Yo pensé que era como decir que el enemigo está matando a nuestros jóvenes físicamente. También es un símbolo de lo que está haciendo a los jóvenes con la guerra cultural en la que estamos. No creo que fuera un accidente que se disparara a jóvenes en una iglesia que por años ha tenido un verdadero enfoque en la juventud. Normalmente tienen más de 1,500 jóvenes en su grupo de jóvenes cada semana y están creciendo y prosperando. Se han puesto la meta de duplicarse e instruir.

En la iglesia New Life no se trata solo de que el ministerio juvenil se divida en grupos pequeños para la instrucción sino que los servicios dominicales también están muy enfocados en los jóvenes. Aunque no es un servicio de jóvenes, los jóvenes inundan el frente del templo durante la adoración y les emociona estar ahí. Saben que esta iglesia es su iglesia y que no es solo para gente mayor. Adoran a Dios con emoción y con amor de los unos por los otros. Son una familia. Tienen una cultura juvenil muy clara allí y tienen un cristianismo apasionando que abrazan por entero y que ansían expresar en colectivo cada semana. El resto de la iglesia se regocija en el hecho de que hay tantos jóvenes en quienes la iglesia influye.[4]

### Bethany World Outreach Center en Baton Rouge, Louisiana

El pastor Larry Stockstill ha sido un defensor de los jóvenes por mucho tiempo. Su hijo, Joel, es el pastor de jóvenes. Como iglesia, están bien enfocados en la predicación de la palabra de Dios, pero también tienen una adoración bien viva y apasionada. Hace varios años tomaron la decisión de desarrollar una estrategia de grupos pequeños en la que Joel instruiría a 12 personas. Luego esos 12 instruirían a otros 12, y esos otros 12 instruirían a otros 12. Lo llamaron estrategia de grupos celulares "Principio de 12". También decidieron que cada otoño harían énfasis en evangelismo desde septiembre hasta diciembre para atraer jóvenes no creyentes y llevarles a Cristo. Pasado ese tiempo, cerrarían el enfoque evangelístico, y desde enero hasta mayo, se concentrarían en discipular a todos aquellos que hubieran nacido de nuevo, convirtiéndolos en seguidores apasionados de Cristo y logrando que profundizaran bien en sus raíces espirituales. Los meses de verano los pasaban planificando el esfuerzo evangelístico del otoño. El fruto de esa estrategia que se ha visto en los últimos años ha sido fenomenal. Ahora tienen 5,000 jóvenes a los que ministran con regularidad en uno de sus grupos o eventos semanales. Esto es solo trabajo con los jóvenes; sin incluir a los adultos. Los adultos se han unido al enfoque y la pasión por los jóvenes que la iglesia ha tomado.[5]

### Iglesia Fellowship en Dallas, Texas

El pastor Ed Young, Jr., ha hecho un trabajo magnífico para reflejar cómo debe ser una iglesia de la próxima generación. Los jóvenes se pueden identificar muy bien con los servicios del domingo en la mañana, desde el grupo de alabanza hasta las ilustraciones del mensaje y la creatividad que se demuestra. A la gente de todas las edades le gustan las historias y los ejemplos prácticos. El pastor Young se niega a simplemente dar los principios de la verdad de Dios sin tener demostraciones visibles de cómo vivir la verdad. Obviamente eso atrae a los jóvenes pero también a la gente de todas las edades. Están muy comprometidos con el ministerio juvenil, han invertido mucho dinero en un centro para jóvenes increíble y tienen programas dinámicos para jóvenes que transforman vidas.[6]

### Iglesia The City Church en Seattle, Washington

El pastor Wendell Smith tiene una iglesia floreciente con instalaciones por toda la zona de Seattle. Su hijo, Judah Smith, es el pastor de jóvenes. También tienen un ministerio juvenil floreciente que funcionan en diferentes localidades. Casi todos los días de la semana hay cientos de jóvenes reuniéndose en distintos lugres de la ciudad. Una vez al mes o una vez cada tres meses, todos se reúnen. Cuando estos 2,000 a 3,000 jóvenes se reúnen en un lugar, es una explosión de celebración y emoción. Tienen un programa de "discipulado más profundo" en el que uno se puede alistar si es un joven adulto entre los 18 y los 20 años en el que usted está activamente involucrado en discipular a jóvenes en distintas zonas de la ciudad. Toda la iglesia se regocija en el fruto que está viendo.[7]

## La cultura de las iglesias de la nueva generación

Hay algunas iglesias más pequeñas por todo el país que han decidido convertirse en iglesias de la próxima generación. Lea acerca de algunas actitudes y actividades que ellos han establecido para hacer que los jóvenes se sientan valorados.

### Joanie April, iglesia Immanuel Fellowship en Frisco, Colorado[8]

"Cuando yo era pequeña mi familia se mudaba a menudo y cambiaba de iglesias aun con más frecuencia. La mayoría de las iglesias a las que íbamos estaban enfocadas en los adultos y no tenían mucho para los jóvenes y eso era normal para mí. A penas se esperaba que los niños y los adolescentes se comportaran. Cuando yo tenía 12 años comenzamos a ir a una iglesia nueva que no parecía hacer las cosas de la misma manera que las demás iglesias a las que yo había ido. Los jóvenes eran una parte enorme de lo que la iglesia hacía y se les valoraba como personas y miembros de la iglesia. Yo sentía que la gente, no solo el pastor ni el pastor de jóvenes, sino todos los adultos, se interesaban en mí. Les interesaba lo que pasaba en mi vida y en mi andar con el Señor. La iglesia estaba muy unida como un todo. Los adultos valoraban a los jóvenes y los jóvenes respetaban a los adultos. Nunca he estado en un lugar que fuera más refrescante".

### Sarah Neumann, iglesia Lake Pointe Bible en Plymouth, Michigan[9]

"Cuando yo era joven iba a una iglesia que realmente hacía sentir al grupo de jóvenes involucrado. Tuvimos un pastor que estaba muy involucrado con los jóvenes.

Nos llevaba a campamentos cristianos y a viajes misioneros. Nuestro pastor usaba el primer domingo después de nuestro viaje misionero para que diéramos un panorama general del viaje al resto de la iglesia. Además la iglesia a veces hacía que los jóvenes realizáramos dramatizaciones que apoyaban el mensaje del pastor. Nuestra iglesia también estaba muy involucrada en un campamento bíblico y los jóvenes siempre se sentían animados a venir.

"Algo que recuerdo es cuando el pastor me pidió que fuera parte del grupo de alabanza, ¡a pesar de que en aquel entonces yo solo tenía 13 años! Había un mural en la pared con fotos de los eventos de los jóvenes y una pared en el salón de los jóvenes en la que los miembros del grupo de jóvenes podían llegar a pintar sus nombres. Nuestro pastor de jóvenes también era muy juvenil y dinámico. Mi iglesia siempre estaba muy interesada e involucrada con los jóvenes y eso era muy alentador".

Sarah Garnett, iglesia Zion Evangelical Lutheran en Worland, Wyoming[10]

"Me he mudado algunas veces y he sido parte de algunas iglesias realmente buenas. La que más me ha impacto es la iglesia Zion Evangelical Lutheran en Worland, Wyoming. Es una de las iglesias más amorosas y dadivosas que yo he visto. Apoyan a los jóvenes en la iglesia de diversas maneras, desde enviar equipos a los eventos de Acquire the Fire y viajes misioneros hasta ponernos en oración por cualquier motivo. Ellos realmente han apoyado a los jóvenes. Ayudaron a una chica de mi iglesia para ir al instituto Bethany College of Missions en Bloomington, Minnesota. Estaré siempre agradecida por la amorosa familia de la iglesia que tengo en Wyoming. A pesar de que ahora vivo en Texas siempre serán mi familia de la iglesia".

## Aprópiese de la visión

Convertirse en una iglesia de la próxima generación no es un sueño descabellado, algunas de las iglesias más grandes del país ya lo están haciendo. Muchas de las iglesias más pequeñas también se están apropiando de la visión. Será necesario que muchos trabajemos juntos pero podemos hacerlo. Es tan gratificante cuando su iglesia se ha convertido en un hospital para una generación destrozada y está llena de vida, pasión y determinación de rescatar a los jóvenes. Si usted se concentra en los jóvenes y les muestra que les ama, ellos responderán. Vendrán a Cristo. Cuando saben que se les quiere y se les valora, ellos con gusto se involucrarán en convertirse un miembro del reino de Dios que lleve el mensaje de Cristo al futuro, al mundo entero.

Para obtener la experiencia completa de ReCrear, visite www.battlecry.com donde encontrará videos y más información.

135

# IGLESIAS QUE ROMPEN EL MOLDE: HISTORIAS DE VISIÓN DUPLICADA

Hemos estado hablando de duplicar e instruir a su grupo de jóvenes. A medida que nos convertimos en los soñadores para esta generación, necesitamos soñar un sueño que sea mayor que lo que el mundo está soñando para ellos. ¿Se atreve usted a imaginar que su grupo de jóvenes pudiera duplicar su tamaño? ¿Puede usted imaginar lo mismo para el próximo año, y para el otro? El grupo promedio de jóvenes en los Estados Unidos es de 10 a 12 jóvenes.[1] Si usted duplica el número durante los próximos cinco años, sería posible. Saque la cuenta: 10 se convierte en 20, 20 se convierte en 40, 40 se convierte en 80, 80 se convierte en 160, 160 se convierte en 320.

Sé que es difícil imaginar que su grupo crezca de 10 a 320 en solo 5 años. No se imagine eso, solo imagine duplicar el grupo de 10 a 20. ¿Qué será necesario? Es algo completamente realizable porque hay grupos en iglesias de todos los tamaños que están haciendo planes y duplicando sus grupos de jóvenes ahora mismo. No hay razón de por qué usted no pueda hacer lo mismo. En una iglesia de la próxima generación, esos jóvenes que llegan y que ahora mismo no son cristianos van a encontrar un lugar donde les encante estar y ansíen hablarles a sus amigos del mismo.

## Duplicar y discipular

Veamos algunos líderes que han asumido el desafío de duplicar y discipular ¡y que de hecho lo están haciendo! Están alcanzando a jóvenes a los que nunca antes han alcanzado y un ministerio de jóvenes que antes no estaba llegando a nada, independientemente de lo que pusieran en práctica, ahora está creciendo, prosperando y aumentando tanto en número como en profundidad espiritual.

### El pastor Joshua Shaw: de 7 a 70 en dos años, grupo de jóvenes "Emerge" [Sal a flote] en Pensilvania

El pastor Joshua Shaw es un pastor de jóvenes increíble que tiene pasión y visión por los jóvenes de su grupo de jóvenes. El grupo de jóvenes del pastor Josh pasó de 7 a 70 jóvenes en dos años. Esta es la historia de visión duplicada del pastor Joshua Shaw:

Cuando el pastor Josh decidió recoger y mudarse para convertirse en un pastor de jóvenes en Pensilvania, pronto se dio cuenta de que era el nuevo en el pueblo. Ocupó el puesto del pastor de jóvenes anterior a quien él se refería como "el héroe del pueblo". El pastor de jóvenes anterior era muy bien conocido en la comunidad y creció en la iglesia, pero sucedieron algunas cosas en la vida de este joven y se le pidió que dejara este puesto en su ministerio, fue entonces cuando aparece en escena el pastor Josh.

Cuando el pastor Josh comenzó todo el mundo pensaba que era un regalo de Dios para el grupo, todo el mundo lo quería. Después de tres meses comprendió que necesitaba una visión y necesitaría la ayuda de Dios para trabajar con los jóvenes. Él y su esposa ayunaron durante una semana. Josh me dijo: "Este no fue como el ayuno de Daniel; era solo agua". Pasaron esa semana buscando, orando y realmente viendo qué había en sus corazones con relación a estos jóvenes. Salieron de esa semana con visión y con propósito.

Siguieron el currículo *Double Vision* [Visión para duplicar] y comenzaron a presentar la visión a los miembros de la iglesia. Se sentaron a analizar las habilidades de las personas, luego se centraron en esas personas para que fueran parte de la visión y del sueño que Dios les había dado para el grupo de jóvenes.

El pastor Josh enfrentó muchas críticas y escepticismo cuando por primera vez presentó el plan en una reunión de planificación de la iglesia con los líderes. Todo el mundo dijo que no iba a funcionar y punto. Pero el pastor Josh no se rindió. Después de muchas luchas internas en la iglesia, los miembros de la iglesia se sumaron a la visión. El pastor Josh dijo que Dios le había enseñado mucho durante ese tiempo.

Comenzaron por remodelar el salón de los jóvenes, que ahora es un salón de 204 metros cuadrados, lo cual aumentó la asistencia. Los jóvenes se emocionaron y sentían que eran parte de algo grande.

El consejo del pastor Josh para otros pastores de jóvenes es sencillamente este: "Baja la cabeza, mantente enfocado, quédate cerca de Dios y haz que el trabajo que tienes ahora sea el trabajo de tus sueños". Él sabía que Dios lo había llamado a hacer lo que estaba haciendo y siguió adelante con la gracia, la ayuda y el amor del Señor.

El pastor Josh continúa instruyendo a los jóvenes y su esfuerzo es para que la asistencia sea constante y depender de Dios para el crecimiento.

Los ejemplos siguientes son citas textuales de ministros de jóvenes que han aplicado el currículo *Double Vision* [Visión para duplicar] a sus ministerios juveniles.

### Nancy Harris: de 6 a 25 (Oregon)

"Pasar por la planificación de *Double Vision* realmente nos ayudó a establecer un buen fundamento para líderes apasionados con alcanzar y servir de mentores a los jóvenes de esta generación. El currículo *Double Vision* es sin lugar a dudas lo mejor que hemos encontrado. Este nos dio un proceso paso por paso para establecer una visión, desarrollar un sueño y cultivar un plan para nuestro ministerio juvenil. En solo seis meses crecimos de solo 6 adolescentes a 25 y, alabado sea Dios, ¡todavía estamos creciendo!

### Ben y Heidi Uitenbrobk: Grupo de jóvenes 24/7 (Wisconsin)

"*Double Vision* ha tenido un tremendo impacto en nuestro ministerio juvenil. El currículo nos ayudó a producir y desarrollar una visión impactante para nuestro ministerio. Comenzamos a establecer, organizar y desarrollar un grupo de líderes para ayudar a nuestros jóvenes. Me encanta cómo el currículo nos muestra cómo sacar sus talentos y nos enseña a nosotros como pastores de jóvenes a valorarlos a medida que ellos nos ayudan a acrecentar el ministerio.

"A medida que trabajamos en establecer metas y desarrollar nuestra declaración de propósitos, hemos implementado y definido nuestros valores centrales. También nos hemos estado concentrando en la adoración y hace poco comenzamos nuestro propio grupo de alabanza. Tenemos interés en las misiones y estamos planificando asistir a viajes misioneros de Global Expeditions este verano. Hemos logrado que los jóvenes sean parte de la iglesia y que se involucren en alcanzar a otros para que cuando tengan 18 años, no los perdamos. Oramos para que incluso cuando termine su tiempo con nosotros, permanezcan involucrados de forma activa en su búsqueda de Cristo y derramen esa pasión en el mundo que los rodea, de la misma manera en que nosotros la hemos derramado en ellos".

### Donald Simms

"Nuestra profunda pasión por alcanzar a la generación de hoy nos llevó a *Double Vision*. Buscamos el currículo, hicimos todos los talleres y completamos los cuadernos de trabajo. Establecimos metas y planes con la visión que queríamos para nuestro ministerio y las pusimos en práctica. Lo obtuvimos como en octubre de 2006 y nos llevó hasta el final del año para capacitar a todos nuestros líderes. Comenzamos a aplicar los principios en enero de 2007.

"Dios EXPLOTÓ en los corazones de nuestros jóvenes a medida que aumentaba su hambre y ansias por el Señor. Vimos un gran cambio en sus vidas, hasta hicimos un evento "De regreso a la escuela" con algunos pastores de la ciudad y les hablamos de cómo el currículo nos ayudó a acrecentar nuestro ministerio. Ahora la mayoría de ellos ha usado *Double Vision* y están aplicándolo en sus ministerios juveniles. Los jóvenes ardían con fuego, estaba emocionados con las cosas que Dios estaba haciendo, algo que rara vez uno ve en tantos jóvenes en la actualidad.

"Estaban comenzando a entenderlos y comenzaron a guardar la Palabra de Dios en sus corazones, aplicándola a sus vidas. Es un programa magnífico; el material fue el mejor que hayamos usado jamás y la información es exactamente lo que muchos ministerio juveniles necesitan. Lo recomiendo con creces a cualquiera que desee ver crecer a sus jóvenes y acercarlos más en su relación con el Señor!"

### Alan Didio (Carolina del norte)

"El currículo equipó a mi liderazgo enseñándoles qué pueden hacer para crecer como líderes. Ganaron en visión para los jóvenes. Este currículo abrió los corazones de los líderes para ser positivos en cuanto a las cosas que los jóvenes pueden lograr. Puedo decir que el grupo básicamente se ha duplicado desde que hicimos el currículo hace como un año. Pasamos de unos 25 o 30 a unos 60 a 70. Y no solo eso, sino que también tenemos líderes adultos que van a las escuelas una vez por semana para hablar a los adolescentes que están en ISS (suspensión temporal en la escuela). Los recursos de multimedia que Teen Mania ofrece ayudan a marcar la diferencia porque son herramientas que una iglesia pequeña no puede organizar por sí misma. Además, agradezco que Teen Mania esté al tanto de lo que está sucediendo en el mundo. La información ayuda a la iglesia a estar al frente de la cultura".

### Pastor Edwin Pacheco

"En 2005 me encontré con el ministerio de Teen Mania y BattleCry en la cadena TBN. Fue el mensaje de Ron Luce lo que activó un deseo de ver un cambio tangible en mi ministerio. Él habló de las cosas terribles a las que se enfrenta nuestra juventud…

"Desde que escuché ese mensaje nosotros, el ministerio de jóvenes TRANSFORMED, nos hemos dado a la tarea de alcanzar a los jóvenes de nuestra ciudad a cualquier precio. No vamos a comprometer la infalible Palabra de Dios, ni tampoco pondremos límites en cuanto a quiénes vamos a ministrar. Vivimos en una época desesperada que debiera hacernos romper todas las "reglas religiosas" existentes para alcanzar a una generación que perece.

"Los materiales *Double Vision* de BattleCry nos ayudaron a definir por completo nuestro llamamiento. Hace dos años que adoptamos el método de BattleCry para el ministerio, que desafía a los jóvenes a involucrarse en su cultura así como a los grupos de jóvenes a convertirse en ministerios. Así lo hemos hecho y hemos visto un cambio dramático. Hemos visto a adolescentes que se han dedicado por completo a Cristo, Dios ha abierto puertas para ir a las escuelas públicas, así como tener influencia en el ministerio por toda la ciudad…

"Hoy nuestro ministerio juvenil ha crecido tanto en número como en madurez. Ahora tenemos el desafío de discipular a un grupo completamente nuevo de más de 60 jóvenes que acaban de entrar a nuestro ministerio. También hemos lanzado la Visión 20/20, que es una iniciativa de adoptar una escuela de la *Coalition of Urban Youth Workers* (Coalición de obreros juveniles urbanos). Durante el pasado año Dios también ha abierto las puertas en las escuelas públicas de nuestra comunidad y ahora mismo estamos estableciendo relaciones con oficiales de las escuelas.

"En cuanto a nuestros esfuerzos a nivel local, hemos hecho de nuestra iglesia y nuestra comunidad, nuestra Jerusalén. Hay más de 250 jóvenes en nuestra iglesia.

Lamentablemente, no todos son salvos. No cesaremos de trabajar hasta que todos lo sean, estén llenos del Espíritu Santo y se conviertan en defensores de su generación. Estamos en planes de desarrollar un programa de alcance que ministre a los que no tienen hogar, los hambrientos y los necesitados, que será manejado por los jóvenes. También estamos celebrando una capacitación para líderes de ministerios juveniles que está basada en los recursos de *Double Vision* de BattleCry.

"Si quisiera obtener información acerca del ministerio juvenil TRANSFORMED y/o el Bay Ridge Christian Center, por favor visite www.myspace.com/transformednyc."

## Bruce Simas: ministerio juvenil Elev8

Bruce Simms tenía pasión por los jóvenes y ninguna instrucción formal en el liderazgo de jóvenes cuando su pastor le pidió que dirigiera el grupo de jóvenes. Enfrentó algunos obstáculos grandes desde el principio. El grupo de jóvenes no tenía estructura. Asistían unos 20 a 25 jóvenes pero solo 2 o 3 tenían una pasión verdadera por conocer a Dios. Alrededor de la mitad de los jóvenes solo venía los miércoles en la noche para jugar y ni siquiera asistían al servicio.

"Soy el primero en reconocer que cuando comencé no sabía nada sobre el ministerio juvenil. Mi pastor principal supo de la convención de liderazgo organizada por Teen Mania "BattleCry" en una carta que envió Jack Hayford", cuenta Bruce.

"Fui a la convención y vi el ministerio dinámico que está haciendo BattleCry y supe que tenía que llevar a mis jóvenes al evento Acquire the Fire para que fueran parte del mismo".

En la conferencia Bruce compró *Revolution YM*, la guía de gran impacto para el ministerio juvenil. Bruce regresó con un fervor, pasión e ideas muy claras sobre cómo soñar, planificar y fomentar un ministerio juvenil lleno de propósito y eficaz.

Bruce estaba listo para cambiar su grupo. Compró 100 entradas para el evento Acquire the Fire en Anaheim, hizo un evento exitoso para recaudar fondos con el objetivo de cubrir el costo e hizo que su grupo invitara a sus amigos. Cuando llegó el momento del evento, llevaron a 98 jóvenes al evento.

"Este evento cambió a nuestros jóvenes por completo, de una manera dinámica y total. Sabíamos que no podíamos seguir haciendo las cosas de la misma manera en la iglesia y sabíamos que necesitaba haber una separación, un cambio en cómo las cosas se veían y se sentían en las mentes de los jóvenes".

Bruce regresó con su grupo del evento listo para tomar en serio el ministerio, aunque algunos cambios iniciales hicieron que muchos adolescentes se fueran. En el otoño de 2006, él comprobó el crecimiento de unos 20 a 25 a 100 ¡en solo tres meses! En el otoño de 2007, examinó la asistencia y vio que ahora tienen un promedio de 200 alumnos diferentes por semana que asisten a sus servicios.

# Pero yo no soy pastor, ¿qué puedo hacer?

Tal vez usted esté pensando: "Pero yo no soy pastor ni pastor de jóvenes, ¿qué puedo hacer? Supongo que no juego ningún papel en todo esto". Usted es un defensor. Si ha llegado hasta aquí en este libro, significa que tiene un deseo que Dios está poniendo en su corazón de hacer algo para rescatar a los jóvenes.

Muchas de estas iglesias de la próxima generación comenzaron con un defensor como usted. Usted puede convertirse en un campeón por los jóvenes de su iglesia y de su comunidad. Vaya donde su pastor de jóvenes y diga: "Estoy aquí para ayudarle. Quiero que sepa que deseo hacer todo lo posible por ayudar a su ministerio con estos jóvenes y rescatar a esta generación". Será de mucho ánimo para ese pastor o pastora.

Le animo a convertirse en un defensor y pensar en qué puede hacer para ayudar a su iglesia a convertirse en una iglesia de la próxima generación. Muchas de las iglesias de la próxima generación recibieron la influencia porque alguien (una persona normal como usted, y no un líder de la iglesia) tenía su corazón puesto en los jóvenes. Buscaron un libro sobre ministerio juvenil u otra información sobre jóvenes. Lo llevaron a su pastor, al pastor juvenil y a otras personas de la iglesia y comenzaron a atraer sus corazones hacia los jóvenes. He sabido de pastores que luego les compraron un libro a todos los diáconos y ancianos para que lo leyeran. (Algunos hasta han comprado libros para los policías y maestros de su pueblo.) Cuentan cómo su iglesia captó la visión y comenzó a dedicarse profundamente a los jóvenes. Como resultado, el ministerio juvenil comenzó empezó a crecer de manera exponencial. Todo esto sucede debido a un defensor. ¡Y ahora ese defensor puede ser usted!

## La influencia de un defensor

Ahora mismo piense en todas las personas sobre las que usted tiene influencia o en quienes podría posiblemente influir. ¿Cómo puede usted hacer que este desafío sea personal para usted? No es el desafío de Ron Luce ni del pastor de jóvenes, es el suyo. Piense en todas las personas sobre las que usted influye en su trabajo. Piense en todas las personas sobre las que usted influye en su estudio bíblico. Piense en las personas sobre quienes puede influir cuando va a tomar café con el pastor o con algunos de los diáconos de su iglesia o con algunos de los padres de los adolescentes de su iglesia o de la escuela de sus hijos. Piense en cómo puede influir sobre los líderes de su comunidad, ya sea el jefe de la policía o el director o directora de la escuela. Es increíble cómo una persona con pasión puede marcar una enorme diferencia para los jóvenes. ¿Y qué de otras personas que usted conoce en otras iglesias de la ciudad y en todo el país? ¡Necesitamos un ejército de defensores que golpeen los tambores por todas partes, a la misma vez, si vamos a rescatar a esta generación!

Como defensor, la primera cosa para hacer es una lista de todas las personas en quienes usted pudiera influir debido a su relación con ellas y de todas las personas que necesitan ser influidas ya sea que usted las conozca bien ahora mismo o no. Entonces comience a recorrer la lista y buscar la manera de qué puede hacer para involucrarlas. Luego comience a ir por su lista y a actuar en cada aspecto.

Busque la manera de hacer llegar libros y materiales a las manos de aquellos en quienes quiere influir.

Una cosa es que usted le cuente a las personas y otra que ellos estén muy bien informados. Le animo a que coloque los libros y materiales de una manera estratégica. Pídales a las personas que lean lo que usted les da para que puedan debatir el contenido. Mencione que realmente quiere su opinión e ideas con relación a lo que leyeron. Cuando comience a hablar con ellos diga: "¿Quién más crees que debe saber de esto?" Entonces ambos pueden generar ideas sobre personas a las que pueden hablarles. Haga la lista primero y luego piensen en las herramientas que quiere tener disponibles para comenzar a influir. Quizá también quiera invitar a unos pocos amigos de la iglesia a pasar el curso para grupos pequeños de seis semanas que viene con ReCrear. Esto hace que sea muy fácil ver videos y debatir juntos todos los temas relacionados con su papel en alcanzar a esta generación.

La estrategia de duplicar e instruir que se describió anteriormente, sobre convertirse en una iglesia de la próxima generación, puede provocarle a un defensor comprometido que se niegue a dejar que sea fácil que los jóvenes de su comunidad se vayan al infierno.

Recuerde, nuestra función como miembros del reino de Dios es ir en busca de esos jóvenes con más pasión que el mundo que los está buscando. Como defensor, usted puede provocar esa pasión y ayudar a crear una cultura en su iglesia que sea más poderosa que la cultura del mundo. De esta manera, una vez que un muchacho se entrega a Cristo, encuentra la familia que hace mucho tiempo había perdido, el lugar adonde pertenece, el lugar al que ansía regresar. Como resultado, él y otros como él están protegidos de la basura del mundo y están listos para convertirse en los campeones que influirán en su generación para Cristo.

Para obtener la experiencia completa de ReCrear, visite www.battlecry.com donde encontrará videos y más información.

143

# SECCIÓN III

## *RECREAR NUESTRA SOCIEDAD*

Hemos hablado sobre ReCrear la cultura de nuestro hogar para que esta sea más fuerte que la cultura del mundo. Hemos hablado de crear una iglesia que tenga una cultura de tanto poder que doblegue a la cultura secular. Una comunidad en la iglesia donde los jóvenes se sientan seguros y su identidad esté en las cosas de Dios y no en las cosas del mundo.

Ahora llegó el momento de volver nuestra atención a la influencia que podemos tener sobre la cultura en sentido general. ¿Por qué algunas personas cuya moral es cuestionable y una agenda que va en sentido contrario a los valores bíblicos deben ser la fuerza que moldee la cultura en general? ¿Por qué deben ser ellos el 2 por ciento que crean lo que el 98 por ciento sigue? ¿Por qué se les debe permitir moldear a toda nuestra generación sin ninguna inyección de la verdad de Dios en la conversación a nivel nacional? ¿Por qué sus valores deben ser lo que domine nuestra cultura mientras que hay tantos creyentes buenos y fuertes (como usted) con grandes valores?

Llegó el momento de que descubramos cómo podemos hacer que se escuche nuestra voz y volver a estar en los debates nacionales y ayudar a cambiar el rumbo hacia el que se dirige nuestra nación.

# LOS SOÑADORES SIEMPRE GANAN (LA GUERRA DE LA CULTURA)

Estamos en una guerra, ya sea que nos guste o no. Nuestra cultura moldea a los jóvenes y tenemos que luchar para poner los valores correctos en la cultura y tener una sociedad decente en la que ellos puedan crecer. Para aquellos que no tienen padres que los protejan del aborrecible sistema de creencias de nuestra cultura actual, tenemos que ejercer nuestra influencia y protegerlos. Tenemos que estar a disposición de jóvenes que no tienen padres, enseñarles a ver a través de las mentiras de esta cultura. Es una batalla de ideas. Es una batalla de sueños. Quien tenga el sueño más atractivo gana esta guerra de cultura. Es aquí donde nosotros como creyentes debemos entrar en la conversación de ideas a nivel nacional.

No hay que ir muy lejos para ver que la mayoría de las personas que moldean hoy nuestra cultura no le dan mucha importancia a la Biblia ni a los valores que se encuentran en ella. De hecho, la mayoría de los que conforman el dos por ciento se oponen diametralmente a los valores de la Biblia. Parece que han hecho todo lo posible para que los vicios que se aborrecen o menosprecian en la Biblia sean algo muy común. Para lograr esto, han formado negocios sin valores morales con el objetivo de vender cosas a los jóvenes solo por hacer dinero. Esos sueños se están haciendo realidad.

Puede que no sea que todo el mundo esté pensando: *Queremos cambiar el sistema de valores de nuestro país*, pero los medios de comunicación y los productos que fabrican sí lo logran. Puede ser simplemente que el dos por ciento está tan interesado en hacer dinero que han decidido que no hay manera correcta o incorrecta de hacerlo. "Hagamos cualquier cosa que la gente compre", les suena suficientemente justo.

De cualquier manera, nuestros jóvenes son las víctimas. Cuando nuestros hijos escuchan una canción unas 500 veces sobre cómo tratar mal a una mujer o que la manera de lidiar con un problema cuando estás enojado es disparándole a alguien, esto tiene un efecto indiscutiblemente negativo en la persona que lo escucha. Los que actualmente moldean la cultura han tenido un sueño exitoso y han atraído a la mayor parte de la joven generación para que marche al ritmo de ese compás.

## Sea alguien que soluciona problemas

No es solo una persona, una organización o una empresa la que está moldeando la cultura. Antes mencionamos a Viacom, pero hay cinco empresas principales de comunicación que controlan la mayoría de las películas y la música del mundo. Son: AOL Time Warner, Disney, Bertelsmann, News Corporation y Viacom.[1] Estos imperios de los medios, mientras compiten entre sí por tener la mayoría en el mercado, siguen arrastrando a una joven generación.

En muchos sentidos han ganado. Han ganado la guerra cultural. Han dominado la cultura. Y lo han hecho al soñar en grande e incorporar a los jóvenes a su sueño. Así que llegó el momento de que nosotros soñemos.

Le he animado a tener un sueño para su familia, a ReCrear su cultura y a tener un sueño para su iglesia y para los jóvenes de su comunidad. Ahora llegó el momento de soñar para la cultura en general.

¿Qué podemos hacer como ciudadanos temerosos de Dios para ayudar a moldear la cultura? La tarea parece grandiosa, casi imposible. También parece imposible crear una cultura familiar que sea más fuerte que la cultura del mundo. Pero el hecho es que podemos crear una cultura en nuestra familia que sea más fuerte que la cultura del mundo si tomamos la iniciativa al respecto.

Ahora tenemos otra tarea *aparentemente imposible*. Así que, ¿dónde empezamos? Necesitamos soñar en grande con relación a la parte de la cultura que queremos afectar y luego arremangarnos la camisa. Necesitamos ser inteligentes en cuando a cómo hacerlo. Considere a Rudy Giuliani en la ciudad de Nueva York. Él hizo un avance significativo en librar a la ciudad de la pornografía, pero no de la manera en que usted pudiera pensar. Giuliani sabía que no podía usar la "moral" como base para eliminarla porque la gente gritaría "libertad de expresión". Así que hizo que se aprobara una ley que decía que no habría tiendas de pornografía a 152 metros de una escuela ni a 300 metros de un lugar de adoración. Bueno, ¡hay 16,000 escuelas en la ciudad de Nueva York y miles de iglesias y sinagogas! ¡Con una firma cerró miles de centros de distribución de pornografía!

Tenemos que ser inteligentes con respecto a la manera en que queremos cambiar la cultura y hacerla mejor para nuestros jóvenes. Necesitamos asegurarnos de que como creyentes no estemos condenando a nadie. Cuando el mundo piensa en los cristianos usualmente es como gente que condena. Así que necesitamos presentar ideas creativas para ayudar a dar soluciones. Necesitamos hacer más que predicar, necesitamos ser gente que solucione los problemas.

## Su sueño es su voz

Si queremos tener una voz que pueda dar un nuevo rumbo a nuestra cultura y nuestro país, no podemos solamente presentar los problemas, tenemos que venir con soluciones, con maneras creativas de atraer a los jóvenes y a la industria para que se unan y crean que todos podemos marcar la diferencia.

Me contactó el ejecutivo de una empresa grande de perfumes que había visto la cubierta de un artículo del periódico New York Times sobre esta joven generación.[2] El artículo tenía la foto de jóvenes de rodillas entregando sus corazones a Jesús. Hablaba de la batalla que existe con esta generación y a mí se me entrevistó al respecto. El ejecutivo que me llamó tenía la idea de hacer un perfume que inspirara a los jóvenes a ser puros y no inclinarse ante la búsqueda de ser sexy y andar mostrando más allá de lo normal. Después de mucha investigación descubrió que los jóvenes (no solo los cristianos) tenían la misma probabilidad de comprar una fragancia que los ayudara a aspirar a ser puros como a ser sexy y mundanos. Así que ahora estamos caminando junto con ellos. ¡Piense en los comerciantes con marcas que compitan unas con otras para ver quién tiene la fragancia más virtuosa! Eso es un ejemplo de comenzar a moldear la cultura en grande.

No podemos simplemente decir que no nos gusta esto y que queremos que tal y tal cosa sea diferente, tenemos que ser quienes tengan un sueño para los jóvenes que usan drogas en nuestra comunidad o las chicas que están embarazadas. Tengamos visión para ver cómo podemos ayudar a los adolescentes con otros problemas. Si no nos gusta que vayan a cierto lugar de la ciudad, tenemos que crear un lugar al que ellos puedan ir que sea sano y que cree el ambiente que nosotros queremos que ellos tengan.

*La gente sigue sueños, no directivas.* No harán lo que les manden a hacer ni lo que se supone que hagan, pero harán aquello que les inspire a actuar. Los soñadores son aquellos que saben cómo forzarlos a seguir.

Así que llegó el momento de tener un sueño para los jóvenes que usted no conoce, los que no son de su familia, los que nunca ha conocido. A pesar de que no los conoce a todos, ellos se beneficiarán de su sueño. La gente que planea y organiza el mercadeo en MTV y Victoria's Secret nunca conocen a todas las personas a quienes afectan (así que piensan que realmente no le hace daño a nadie). Están afectando a millones. Tienen un sueño por amor al dinero y por ganar mercado. Pero nosotros tenemos una causa más noble. Nosotros soñamos a favor del futuro de nuestro país y de los corazones de toda una generación.

Para obtener la experiencia completa de ReCrear, visite www.battlecry.com donde encontrará videos y más información.

# PARALIZADOS POR LO ORDINARIO

Me temo que hay demasiados de nosotros en las iglesias cada semana que encarnamos el título de este capítulo. Vemos cosas que son "normales" y pensamos que así es como se supone que sea. El *status quo* es cómodo, el *status quo* es lo que parece aceptable. El *status quo* nos impide enfadar a alguien porque los cristianos no quieren enfadar a nadie. Pareciera que cada vez que hacemos algo que se sale del *status quo*, el mundo regañara y nos acusa de ser "intolerantes", y eso nos mantiene callados.

¿Me pregunto si hemos quedado tan programados por lo que llamamos "la cultura americana normal" que pensamos que se supone que busquemos la manera de sobrevivir en medio de esta en lugar de ser un agente de cambio en la misma?

## Hipnotizados por lo ordinario

Vemos en el pasaje al final de Juan 21 que Pedro, luego de haber estado tres años con Jesús, de haber visto todo los milagros y de haber escuchado todas las parábolas; estuvo cuando Jesús murió y lo vio resucitar de los muertos y subir al cielo. Ahora se preguntaba qué iba a hacer con su vida. Se preguntaba qué iba a hacer luego de haber escuchado la Gran Comisión (ver Mateo 28:18-20). Su sugerencia a sus amigos fue: "Me voy a pescar"; otros dijeron" "Nos vamos contigo". Así que, a pesar de todos los milagros, a pesar de todos los encuentros transformadores que Pedro había experimentado, todavía tenía aquella idea recurrente de qué cosa era "una vida normal". La vida normal era pescar, era lo que él conocía. Él iba a regresar a lo que conocía, iba a regresar a *la comodidad de lo conocido*. Estaba contento con regresar a no molestar a nadie. Se iba a quedar en el lugar seguro.

Miramos lo ordinario como la manera en que se supone que las cosas sean. Nuestro equilibrio como seres humanos siempre se inclina hacia: "Regresemos a lo que conocemos, regresemos a las cosas como eran antes, regresemos a lo que es familiar". Así que si estamos familiarizados o acostumbrados a una cultura que constantemente está degradando los valores cristianos, que constantemente hace desfilar la sexualización frente a nuestros hijos, entonces comenzamos a pensar que es normal.

De vez en cuando ocurre una interrupción que no podemos creer que sucediera, como "el malfuncionamiento del vestuario" de Janet Jackson durante el campeonato nacional de fútbol o el beso de Madonna y Britney Spears; pero entonces, como que regresamos a lo normal, incluso si lo normal se pone un poquito peor. El hecho es que esos tipos de eventos hacen que lo que actualmente es normal se degrade un poco más. De repente, lo que la gente aceptará es mucho más inferior, en sentido general, ya es no es tan malo como exponer los senos durante un tiempo de televisión que se supone sea familiar o ver un beso en la boca entre dos celebridades del mismo sexo.[1]

Se entramos en una especie de trance con lo ordinario, entonces eso será todo lo que aceptaremos. Literalmente, lo que vemos será lo que obtengamos. Si nos mantenemos enfocados en lo que pensamos que es normal, eso se convierte en lo que estamos dispuestos a tolerar. A pesar de que sabemos que está destruyendo a toda nuestra generación de jóvenes, lo aceptamos como normal. Como humanos, nuestra naturaleza es quedar absorbidos por el 98 por ciento, como seguidores de la cultura, y nuestra decisión de hacerlo queda respaldada por todas las demás personas que conforman el 98 por ciento. Pensamos que todo lo que nos rodea es adecuado, así que quedamos impotentes para hacer algo nada al respecto.

En lugar de mirar a lo que existe y permitir que esto nos dé vueltas hasta hacernos caer en un trance hipnótico de mediocridad, debemos poner nuestros ojos en lo que pudiera ser. ¿Cuál es el sueño que Dios nos está llamando a soñar? ¿Qué deseamos que influya sobre los adolescentes de nuestra comunidad? Enfocarnos en ese sueño nos sacará fuera de nuestro estado mental de hipnosis.

## Cuando legitimamos lo ordinario

Cuando a menudo nos decimos a nosotros mismo: "Soy un cristiano común y corriente, ordinario. Voy a la iglesia; doy dinero a la iglesia; soy una persona bastante buena; no mato a nadie; no digo tantas mentiras; soy como todos los demás, incluso si hay cosas en mi vida en las que transijo".

Así que comenzamos a legitimar lo ordinario. Otras personas viven así, ¿por qué querría yo ser tan diferente de ellos? ¿Por qué alzar mi voy para moldear a una generación? ¿Por qué tengo yo que molestar a alguien? Todos los demás van barranca abajo, así que me iré con ellos. Comenzamos a justificar las cosas con las que transigimos mientras dejamos que los creadores de esta cultura triunfen en su búsqueda de dominar a una joven generación. Legitimamos nuestra propia falta de impacto y vemos la cultura en la que vivimos como algo que en realidad no es tan malo.

Jesús dijo que el camino que lleva a la vida es estrecho pero el que lleva a la destrucción es espacioso (ver Mateo 7:13-14). Como resultado perdemos nuestro idealismo. Primera a los Corintios 3:3 dice que cuando actuamos mundanamente, actuamos "según criterios meramente humanos". No se supone que actuemos así, como todos los demás.

Como resultado, el impacto de nuestras vidas se minimiza porque nos comparamos con lo ordinario. Nadie más dice mucho al respecto, así que no queremos causar problemas ni involucrarnos en cambios. Por lo tanto, ni siquiera generamos ideas nuevas, porque nos preocupa mucho ser parte de lo ordinario.

## Huya de lo ordinario

Tenemos que lidiar con el hecho de que las personas que están destruyendo a nuestros hijos lo hacen frente a nosotros. Lo hacen *mientras nosotros lo contemplamos*. Lo hicieron mientras *permitimos que sucediera*, incluso si nosotros no fuimos la causa. Permitimos que la pornografía llegara al Internet. No gritamos lo suficientemente alto y se convirtió en algo tolerado por nuestra sociedad.

Nuestro impacto se ha minimizado porque nos hemos vueltos adictos de lo ordinario y lo ordinario nos ha hipnotizado. Si vemos que sucede algo que es horrible, tratamos de justificar nuestra falta de participación. Somos prontos a condenar a la gente que está poniendo cosas horribles en películas o en las pantallas de la televisión, pero no hacemos nada. El no hacer nada da legitimidad nuestra cultura.

Como creyentes, como seguidores de Cristo, debemos abrir nuestros ojos y entender que durante demasiado tiempo hemos estado en trance, junto con todos los demás que son adictos a lo ordinario. Si no despertamos, seguiremos dejando que la gente equivocada moldee la sociedad. Ellos no temen asustar a nadie. La mayoría de las molestias que causan son morales y si objetamos, nos catalogan como puritanos de mente estrecha.

Llegó la hora de que los llamemos por lo que son: terroristas de la virtud que hacen dinero al arrancar cualquier virtud moral de nuestros jóvenes. Tenemos que separarnos del "trance de lo ordinario" y preguntarnos qué quiere Dios que hagamos por nuestra comunidad y nuestro país. ¡Es hora de levantarnos y no permitir que eso siga sucediendo!

Es hora de que rompamos el dominio de nuestra cultura y que usemos nuestras voces para moldear el rumbo de nuestro país para su más joven generación. *En lo que ellos se conviertan será en lo que les permitamos convertirse*; lo que ellos compren es lo que permitamos que se venda en este país. Lo que es la jerga común y lo que es la cultura normal es lo que permitamos que sea la jerga común y la cultura común. Es hora de despertar y ver que el futuro de este país y la salud de esta joven generación están en nuestras manos.

# 23

# *GANAR LA GUERRA DE LAS RELACIONES PÚBLICAS*

En la primavera de 2006, tuvimos una de las actividades de BattleCry más grandes del año. Esperábamos que asistieran 25,000 jóvenes de cientos de iglesias al estadio Giant en San Francisco, California. Estos jóvenes se reunirían para prometerse a sí mismos pureza física, a amar a Dios y hacer lo que fuera necesario para defender la pureza moral de su generación. Nos pareció que sería una emocionante oportunidad para marcar la diferencia invitando a estos jóvenes para que vinieran antes a la alcaldía de la ciudad de San Francisco y llevar a cabo una manifestación de BattleCry allí. La intención de esta manifestación era permitir que se oyeran sus voces y hacerle saber a la gente de todo el país que hay jóvenes que aman a Dios y quieren comprometerse a ser puros. Así que conseguimos los permisos necesarios para usar la escalinata del frente del ayuntamiento. Puede que usted recuerde que este es el mismo lugar donde hace varios años se casaron cientos de parejas homosexuales en una ceremonia civil efectuada por el alcalde de San Francisco. Sabíamos con varias semanas de antelación que iba a haber personas protestando, pero nunca esperamos nada como lo que sucedió. Cuando llegamos, había unos 300 jóvenes que habían batallado la lluvia para defender la pureza en su generación. Nos recibieron cerca de cien manifestantes (la mayoría de ellos eran hombres vestidos como mujeres) quienes usaron megáfonos para gritarle cosas horribles a estos jóvenes. Gritaban cosas como: "No queremos casarnos con ustedes, solo queremos _____." Habían tomado himnos y otras canciones cristianas, les habían puesto letras pervertidas y las cantaban lo más alto que podían. Hubieran estado muy orgullosos de nuestros jóvenes. Su respuesta fue simplemente orar y ser amables y amorosos, a la vez que cantaban canciones de adoración. Por supuesto, los medios de distribución masiva fueron porque les encantan las peleas, pero vieron cómo estos jóvenes actuaban con amor y que la misma gente que protestaba y decía: "Esto es un cristianismo mal intencionado", eran los que estaban gritando y estaban furiosos.

Era estremecedor ver cuán violentamente los manifestantes se oponían a los jóvenes que solo querían defender la pureza. Al reflexionar en eso me pregunto por qué es que la gente ultra-liberal de San Francisco era tan tolerante con cualquier grupo menos con los cristianos. Me di cuenta de que a ellos no les importa si mantenemos nuestro cristianismo en nuestro grupito de jóvenes o en el sótano de nuestra iglesia, siempre y cuando se quede dentro de nuestras cuatro paredes. Pero en realidad no quieren que lo llevemos al sector público, no quieren que lo llevemos al ayuntamiento de la ciudad ni a los escalones del palacio de justicia. No quieren que lo llevemos a la política ni a los debates relacionados con los valores de nuestro país. ¿Por qué? Porque *prácticamente han dominado nuestro pensamiento y nuestra cultura sin ningún tipo de oposición durante muchos años.* Les enoja ver a alguien oponer resistencia y decir: "Esto no nos gusta, queremos que el país tome un curso diferente". Ellos saben que cuando una persona expresa lo que cree, eso puede tener gran impacto. Expresar las creencias puede cambiar la cultura, moldear las opiniones y cambiar las políticas.

Su ira fue una señal para mí de que estábamos haciendo algo correcto. Habíamos puesto el dedo en la llaga de casualidad. En lugar de silenciarnos, me hizo querer animar a los adolescentes a expresar su fe todavía más.

Dos meses después, cuando llegamos a Filadelfia para celebrar un evento, teníamos 138 grupos por todo el país haciendo concentraciones de BattleCry en los ayuntamientos de sus ciudades o en los escalones de los palacios de justicia. Una vez que los jóvenes de todo el país vieron lo que pasó en San Francisco, eso los unió para tomar posición en sus propias regiones. Estos son algunos de los titulares y extractos de artículos noticiosos que reportaron acerca de estas concentraciones:

- Lansing, MI: "Adolescentes de la localidad se unen a favor de su generación". Adolescentes cristianos de la ciudad orarán, cantarán y tendrán esperanza para el futuro de su generación hoy en el Capitolio...[1]

- Cape Girardeau, MO: "Adolescentes en Cape Girardeau protestan contra el sexo y la violencia en los medios de comunicación". Aproximadamente 30 miembros de grupos de iglesias locales se manifestaron frente al ayuntamiento de Cape Girardeau el viernes en lo que ellos llaman un "grito de combate" para reclamar los valores cristianos entre los adolescentes...[2]

- Michigan City, IN: "Iglesia protesta contra el sexo y la violencia en los medios de comunicación". La pornografía en Internet y MTV fueron blancos específicos...[3]

- Detroit, MI: "Adolescentes rechazan valores negativos, la concentración del grupo de Farmington condena abiertamente la bebida, las drogas y el sexo". Estuvieron bajo cielos oscuros y llovizna el viernes en la tarde para adoptar una postura firme contra el sexo, las drogas y MTV. Un grupo de siete adolescentes, entre 14 y 17 años, que son miembros de la iglesia católica St. Gerald, llevaban rosario y tenían anuncios con mensajes como "El sexo no tiene ganancia conmigo" y "MTV" debajo de un círculo rojo con una barra en diagonal...[4]

- Midland, TX: "Adolescentes en busca de moral se reúnen para 'dar un grito de guerra'". Hoy, frente al palacio de justicia del condado de Midland, adolescentes de la ciudad se reunirán para una concentración y conferencia de prensa como parte de BattleCry, para emitir un llamado animando a los jóvenes cristianos a luchar contra una cultura popular penetrante que según ellos promueve el sexo, la violencia, las drogas y la inmoralidad...[5]

- Filadelfia, PA: "Cruzada de adolescentes: Quita la sintonía, un grupo cristiano viene a la ciudad con un mensaje sobre la cultura popular". Miles de adolescentes se reunirán en el centro Wachovia Spectrum este fin de semana para lanzar un grito de guerra contra la cultura popular...[6]

- San Francisco, CA: "No son bienvenidos en San Francisco". El grupo, llamado "BattleCry for a Generation" [Grito de guerra para una generación] utiliza la Biblia para oponerse a lo que ellos denominan influencia corruptas en los medios de comunicación pero el periódico San Francisco Chronicle reporta que unos 50 manifestantes denunciaron la reunión como una "concentración fascista para levantar los ánimos..."[7]

Esta es nuestra oportunidad como cristianos para dar el paso al frente y decir: "Espera un momento, ¡nosotros también queremos tener una voz en el rumbo de nuestro país!"

## La guerra de PR

Recibimos una gran cobertura en los medios de prensa como resultado del evento de BattleCry en San Francisco. De hecho, cuando regresamos al año siguiente, en la primavera de 2007, tuvimos una cobertura secular todavía mayor y más manifestantes. CNN, ABC, Fox News y muchos otros medios de noticias televisaron lo que estaba a punto de suceder. (Visite www.battlecry.com para ver cortos de Night Line y de CNN.) Descubrimos que, debido a toda la cobertura noticiosa que mostraba la respuesta violenta de los manifestantes ante los jóvenes, la percepción que los medios estaban transmitiendo era que el evento era "un tipo de ministerio con un mal espíritu que incitaba a la guerra". La predisposición de los medios para favorecer la cultura secular por encima del cristianismo les hizo entrevistar a gente que gritaba cosas como: "¡Estos cristianos están enojados!" cuando de hecho eran los manifestantes los que estaban enojados. (¡¿Los medios permitieron que un manifestante tomado al azar en la calle describiera qué tipo de cristianos somos?! ¡¿Cómo eso puede ser un reportaje imparcial?!) En realidad los adolescentes eran tan amorosos y amables que no recibieron igual cobertura de los medios. Comenzamos a escuchar cosas como: "¿Por qué esta gente siempre tiene que hablar de una guerra? ¿Y por qué son tan malos?" cuando en realidad no estábamos siendo malos para nada.

Es exactamente este tipo de reportajes lo que continúa afianzando el concepto erróneo de que los seguidores de Cristo son de mal espíritu. La cultura secular de nuestro país ha tenido éxito en establecer una percepción negativa dominante con relación al cristianismo. Y es verdad que los personajes que se muestran en película y televisión reflejan a los cristianos bajo una luz muy negativa. Un libro reciente titulado *unChristian*, documenta seis de las tendencias principales que los no cristianos perciben con relación al cristianismo. Ellos piensan que todos los cristianos:

1. son hipócritas
2. están demasiado enfocados en conseguir convertidos
3. son anti-homosexuales
4. están fuera de la realidad
5. son demasiado políticos
6. son sentenciosos[8]

Aunque pudiera ser verdad que algunos cristianos le han dado a la gente razón para creer estas cosas, la mayoría no es así. Es solo que la guerra de relaciones públicas la han ganado aquellos que tienen un sistema de creencias diferentes y han triunfado en crear una percepción negativa de todo lo que sea cristiano. Para la población en general, esta percepción es una realidad. Por lo tanto, debemos volver a comunicar el amor de Cristo para vencer los prejuicios que están en contra del cristianismo en nuestra cultura.

A medida que conocemos a personas que no son cristianas, o personas que están modelando la cultura, tenemos que abrumarlos con el amor de Dios. Cuando hablemos de cualquier de estos asuntos, tenemos que hablar sobre el amor. De hecho, necesitamos mostrar el tipo de amor y el calor que sean reales y genuinos, y no solo enfocarnos en debatir ideas. Estamos luchando por los corazones y las almas de la gente, no importa qué convicción tengan.

# ¿Cómo se influye en la cultura secular?

Existen cuatro maneras fundamentales en que se influye en la cultura:

1. Entretenimiento, deportes
2. Educación
3. Gobierno y leyes
4. Negocios

Hace años varios grupos comenzaron a infiltrarse en diferentes niveles de la sociedad, desde el movimiento para los derechos de la mujer hasta la igualdad para casi cualquier causa o sector de personas que usted pueda imaginar. Por ejemplo, la agenda homosexual ha usado astutamente tácticas para invadir cada una de estas cuatro esferas. Existe un plan claro que se enfocaba en cambiar la percepción sobre el homosexualismo en este país.[9] Este plan lo creó en 1972 la National Coalition of Gay organizations [Coalición Nacional de organizaciones homosexuales].[10]

### Entretenimiento

Con la llegada del SIDA hubo un problema enorme de relaciones públicas para la comunidad homosexual y se les hubiera acusado de provocar "la peste bubónica" en los Estados Unidos. Así que comenzaron a invadir de manera agresiva cada una de estas esferas. Todo comenzó por el entretenimiento. Comenzaron a alistar tantos programas como fuera posible. A continuación he incluido una lista de algunos programas muy familiares con personajes homosexuales. El primer personaje homosexual que se mostró en televisión pública fue en los años 70. Ahora prácticamente hay un personaje homosexual en cada programa. Para ser exactos, existen 369 personajes homosexuales que aparecen habitualmente en las pantallas de nuestros televisores en la actualidad. Ahora ellos nos entretienen, nos reímos con ellos y de los chistes homosexuales. El homosexualismo se ha normalizado en la cultura de nuestro entretenimiento.

Algunos programas de televisión conocidos que incluyen o han incluido personajes homosexuales habituales son:

- All in the Family (serie cómica) CBS 1971-1979
- All My Children (telenovela diurna) ABC 1970-presente
- As the World Turns (telenovela diurna) CBS 1956-presente
- The Kids in the Hall (sketch) CBC 1989-1995
- Roseanne (serie cómica) ABC 1988-1997
- Los Simpsons (serie cómica animada) FOX 1989-presente

- One Life to Live (telenovela diurna) ABC 1968-presente
- The Real World (reality show) MTV 1992-presente
- Beverly Hills 90210 (novela de secundaria/universidad) FOX 1990-2000
- General Hospital (telenovela diurna) ABC 1963-presente
- Friends (serie cómica) NBC 1994-2004
- Nash Bridges (novela policiaca) CBS 1996-2001
- ER (novela médica) NBC 1994-present
- Will & Grace (serie cómica) NBC 1998-2006
- Sexo en la ciudad (serie cómica) HBO 1998-2004
- Felicity (novela de angustia juvenil) WB 1998-2002
- Dawson's Creek (novela de angustia juvenil) WB 1998-2003
- Survivor (concurso tipo "reality") CBS 2000-presente
- Big Brother (concurso tipo "reality") CBS 2000-presente
- Undressed (novela/comedia tipo antología) MTV 1999-2002
- Six Feet Under (novela) HBO 2001-2005
- Spyder Games (novela) MTV 2001
- Boston Public (novela de secundaria) Fox 2000-2005
- The Sopranos (novela de mafiosos) HBO 1999-2007
- Amazing Race (programa de juegos de formato largo) CBS 2001-presente
- The Shield (novela policiaca) FX 2002-presente
- Degrassi: The Next Generation (drama para adolescentes) CTV y The N 2001-presente
- The Wire (novela policiaca) HBO 2002-presente
- Reno 911! (serie cómica) Comedy Central 2003-presente
- The O.C. (novela) Fox 2003-2007
- Queer Eye for the Straight Guy (programa de transformaciones) Bravo [USA] 2003-2007
- The L Word (novela) Showtime 2004-presente
- Passions (telenovela diurna) NBC 1999-2007, DirecTV 2007-2008
- Rescue Me (novela) FX 2004-presente
- Drawn Together (serie cómica animada) Comedy Central 2004-presente
- Nip/Tuck (novela médica) FX 2003-presente
- Desperate Housewives (novela-comedia) ABC 2004-presente
- Veronica Mars (novela/misterio) UPN 2004-2006, CW 2006-presente
- Everwood (novela) WB 2002-2006
- Doctor Who (novela de ciencia ficción) BBC 1963-1989, 2005-presente
- The Office (serie cómica) NBC 2005-presente
- Commander In Chief (novela) ABC 2005-2006
- Law & Order (novela de crímenes) NBC 1990-presente

- General Hospital (novela) ABC 1963-presente
- As the World Turns (novela) CBS 1956-presente
- Love Monkey (novela) CBS 2006, VH1 2006
- So NoTORIous (comedia) VH-1 2006-present
- Project Runway (concurso) Bravo [USA] 2004-presente
- American Dad (serie cómica animada) Fox 2005-presente
- All My Children (telenovela diurna) ABC 1970-presente
- The View (programa de entrevistas) ABC 1997-presente
- Ugly Betty (comedia/novela) ABC 2006-presente
- Dirt (novela) FX 2007-present
- Greek (novela/comedia universitaria) ABC Family 2007
- Sophie (serie cómica) CBC 2008-presente
- PrideVision Homosexual Network, 6 programas al aire entre 2001-2003
- OutTV Homosexual Network, 5 programas al aire entre 2001-presente[11]

## Educación

En el campo de la educación hay intentos continuos de aprobar leyes en lugares diferentes. Una de esas leyes se aprobó hace poco en California. Fue una ley para prohibir el uso de las palabras "mamá" y "papá" en un libro de texto porque podría hacer que la gente que provenga de un hogar del mismo sexo se sintieran un poquito mal.[12]

Los niños tienen la oportunidad de leer libros como Asha's Mums [Las mamás de Asha]. Este libro cuenta la historia sencilla de un viaje escolar. Asha lleva el formulario para el permiso a su casa para que sus dos mamás lo firmen. Regresa a la escuela al día siguiente y la maestra le dice que ella no puede tener dos mamás. Entonces una amiga la defiende y dice que uno puede tener dos mamás, igual que puede tener dos tías o dos papás o dos abuelas.[13]

En varios estados se han hecho progresos para que las personas de parejas de homosexuales tengan los mismos derechos.

Como creyentes no odiamos a la gente ni aprobamos ningún crimen contra nadie. Nuestro enfoque nunca debe ser condenar a alguien. Todo corazón necesita a Cristo y toda persona está vacía hasta que no viene a Cristo, no importa cuál sea el pecado (incluso si no piensan que es un pecado). Nuestra función no es convencer a la gente de su pecado, esa discusión nunca la ganaremos. ¡Nuestra función es ayudar a las personas a descubrir que están vacías y deshechas sin Jesucristo en el centro de sus vidas!

Solo estoy señalando lo que ellos (cuando digo "ellos," me refiero a un pequeño grupo de activistas que están decididos a moldear el resto de nuestra cultura) están haciendo para que sepamos los planes que tienen con nuestros hijos. Incluso cosas como que los homosexuales puedan adoptar hijos, cuando 65,000 niños están siendo criados por "padres" del mismo sexo, es un intento de normalizar el estilo de vida homosexual.[14] El argumento es que mientras que sea un hogar amoroso, ¿por qué no pueden adoptar? Los hijos criados por padres del mismo sexo aparecen ahora en videos (como usted puede ver en YouTube) pidiendo a los políticos que se legalice el matrimonio homosexual. Hacer esto logra que los jóvenes convenzan a sus compañeros de que la crianza homosexual es realmente solo otro modelo de una "familia normal".[15]

Todo esto es parte de un intento de normalizar el estilo de vida homosexual en esta cultura. Gran parte de las relaciones públicas con relación al homosexualismo dice que las personas no pueden evitarlo, que simplemente nacieron así; pero el hecho es que no hay prueba biológica de que la gente simplemente nazca así. Sin embargo, si esa posición se presenta lo suficiente, hasta los cristianos comienzan a simpatizar con la difícil situación de que "los persiguen" sin motivo alguno. Creo que debemos simpatizar con los homosexuales porque sufren y están confundidos pero no por los motivos que los activistas apoyan.

Como resultado de todo esto, algunos **adolescentes** están realmente confundidos con relación a su identidad sexual. En la actualidad no es raro que los adolescentes experimenten con besos y citas entre el mismo sexo. No es suficiente que nosotros como padres o como la generación mayor nos enojemos por su conducta. Lo que debe enojarnos es que hemos permitido que este tipo de influencia pase sin estorbo a los medios e incluso a los libros de texto de nuestras escuelas. Necesitamos sentir compasión por esos jóvenes quienes, debido a la sugerencia que la cultura ha hecho de que "quizá nacieron así", ahora realmente están confundidos. En lugar de responder violentamente con ira hacia los adolescentes que luchan con este problema, necesitamos responder con compasión y claridad.

Por ejemplo, hace poco recibí un correo electrónico de un joven al que llamaremos Carlos. Él dijo que había estado asistiendo a nuestros eventos de Acquire the Fire durante años. Cuando tenía 15 años sintió que estaba luchando con su identidad sexual. Su mamá se le acercó un día y le preguntó: "Hijo, ¿tú eres homosexual?" Él le dijo: "Bueno, en realidad he estado luchando con ideas al respecto". Ella se enfureció y salió del cuarto. Entonces le contó todo a su esposo, el padrastro del muchacho. El padrastro se enfureció tanto con este joven que lo botó de la casa. Por favor tenga en cuenta que esta mamá y este padrastro son gente que va a la iglesia.

Entonces este comenzó a ir de casa en casa, viviendo en distintos lugares de custodia adoptiva. Se volvió a un estilo de vida completamente homosexual que en su caso implicaba drogas y bebida. Después de 7 años viviendo así, finalmente regresó al Señor. Piense cuánto de todo eso se pudiera haber evitado si estos padres, de una manera amorosa, comprendieran que los jóvenes están siendo moldeados y confundidos por la basura que se les está dando.

El hecho es que si descubrimos que los jóvenes de nuestra casa o de nuestro barrio tienen confusión con su identidad sexual, necesitamos alcanzarlos con compasión y mostrarles que su identidad va mucho más allá de su orientación sexual. Necesitan buscar solamente aquella persona que Dios quiere que sean. Su sexualidad es solo una parte de su identidad. Existen muchas herramientas para ayudarnos a aprender cómo tratar estos asuntos con nuestros hijos, incluyendo ministerios como Exodus International.

Nuevamente permítame enfatizar que no existe una buena razón para perseguir a alguien por un pecado si no son creyentes. ¿Se enojaría usted con un perro porque ladre? Un pecador peca por naturaleza. El asunto es su corazón, no lo que están haciendo. Pero su táctica de seguir diciendo: "Nacimos así" parece estar funcionando ya que muchos jóvenes criados en la iglesia realmente creen esta línea de razonamiento.

## Negocios

Y por supuesto, están los negocios. Existen muchos negocios cuyos dueños son activistas homosexuales que ganan mucho dinero y que pueden promover su causa. También han convencido a los negocios para que se anuncien en sus programas de televisión y sus revistas. Amenazan a las empresas públicas con que si realmente van a practicar la igualdad, tienen que apoyar también sus iniciativas. Acusan a las personas de ser intolerantes y de mente cerrada si no dan derechos de cónyuge y cobertura médica a las parejas del mismo sexo.

Así que usted puede ver el motivo por el que han progresado, han hecho un plan y se organizan alrededor de este. Nuestros hijos están siendo moldeados por su plan.

Aquellos que apoyan la agenda homosexual son inteligentes. Son metódicos. Sin embargo, el punto aquí no es solo señalar el activismo homosexual sino preguntar: ¿cuál es nuestro plan?

## La agenda musulmana

A pesar del hecho de que nuestras pantallas de televisión se llenan todas las noches con noticias sobre el terrorismo musulmán casi todas las noches, ha habido un esfuerzo concertado para normalizar el Islam en nuestro país ya desde los años 60 y 70. En los Estados Unidos ya existen escuelas que abiertamente enseñan a los alumnos acerca del Islam.[16] De hecho, cuando conocí hace poco al líder de un ministerio principal de Uganda, él me describió la estrategia que Arabia Saudita estableció hace años. Ellos planearon llevar a algunas de las personas más brillantes de los países musulmanes de África a los Estados Unidos para estudiar de manera que pudieran estar en la línea de fuego para llevar adelante su causa. Muchos de esos musulmanes todavía están aquí haciendo eso precisamente.

La Hermandad Islámica sigue aumentando su número en los Estados Unidos. Estas personas se oponen abiertamente a los grupos islámicos radicales y violentos, sin embargo promueven claramente su opinión en cuanto a la separación de la religión y la política. Ellos creen que no puede haber tal separación y anhelan el día en que la mayoría de los norteamericanos apoyen su ley.[17]

El Dr. Anis Shorrosh, autor del libro *Islam Revealed*, escribió una disertación doctoral sobre cómo hacer de los Estados Unidos un país musulmán en un plazo de 20 años.[18] Este hombre por sí solo es responsable de fundar más mezquitas en los Estados Unidos que cualquier otra persona. Además los musulmanes tienen agendas agresivas en diferentes países, incluyendo Camboya, donde ha habido un rápido crecimiento de las mezquitas y las escuelas.[19] Todo esto apunta al hecho de que el Islam se ha convertido en una fuerza viable en nuestra cultura a pesar de que ahora mismo los miembros de la fe islámica constituyen solamente el .5 por ciento de la población en los Estados Unidos.[20]

# ¿QUIÉN NOS MANDÓ A CALLAR?

¿Por qué los creyentes se sienten tan inhibidos para dejarse escuchar? ¿De dónde sacamos la idea de que está bien que todos los demás expresen sus valores de maneras demostrativas y sin embargo los creyentes de alguna manera no son dignos de hacerlo? ¿Por qué pensamos que nuestras ideas no tienen el derecho de estar en la mesa de ideas de nuestro país?

Desde el comienzo el cristianismo ha sido una expresión muy verbal y pública. En la iglesia neotestamentaria, cuando la gente entregaba sus vidas a Cristo, confesaban su fe en Cristo frente a las masas y como resultados, muchos fueron asesinados en estadios. La mayoría de los apóstoles y muchos de los creyentes en los días del dominio romano fueron asesinados en el círculo de los estadios por confesar su fe de una manera muy pública. Al negarse a inclinar su rodilla ante el emperador, quien se pensaba que era un Dios, estos cristianos pagaron el precio supremo.[1]

La razón por la que el cristianismo se difundió es debido a la expresión natural de alguien que descubre quién es Dios: "¡Tengo que contárselo a alguien!" Una persona que tiene la cura para el cáncer no se lo guardaría para sí misma. Cuando uno conoce la respuesta a la vida misma, la expresión natural es: "¡Tengo que contárselo a alguien!"

En el primer siglo gente como Pablo, Bernabé y Silas viajaron de un lugar a otro del mundo conocido para compartir las buenas nuevas.[2] Los misioneros han ido a lugares peligrosos por toda África, a continentes y países acosados por enfermedades, sabiendo que probablemente perderán sus vidas al compartir las buenas nuevas de Jesucristo. Pero fueron de todas maneras porque el mensaje era tan apremiante que tenían que expresarlo.

De hecho, gran parte del arte renacentista que tuvo lugar en toda Europa en el siglo XV fue una expresión de la fe en Cristo de los artistas. Cuando usted observa las obras maestras que Miguel Ángel[3] produjo y las composiciones musicales asombrosas de Handel[4], usted puede ver que estas personas no eran tímidas ni inhibidas, no tenían temor de expresarse a sí mismas. Esta fue gente que dejó que el flujo que estaba dentro de ellos modelara sus obras de arte para todo el mundo las viera.

# Modelar la cultura

Desde el comienzo el cristianismo no solo fue expresivo y verbal sino que jugó un gran papel para modelar la cultura. ¿Qué parte de Europa no ha sido modelada por los grandes pintores y artistas que esculpieron el mármol, construyeron edificios, pintaron lienzos espléndidos y compusieron música, todo para la gloria de Dios?

Piense en los que modelaron la Constitución de los Estados Unidos y en los padres fundadores cuando expresaban su fe en muchos de los documentos siguientes de los Estados Unidos de América. Sus creencias cristianas eran de hecho una parte de su vida y se expresaba a través de todo lo que hacían.

Ahora, adelante hacia el siglo veintiuno en los Estados Unidos, donde de alguna manera el mensaje se ha recibido: Todo el mundo tiene libertad para expresar su sistema de creencias y valores, excepto si usted es cristiano. De alguna manera, si usted expresa su cristianismo, usted es menos tolerante y no le preocupan las demás personas.

Sin embargo, se muestran cosas horribles en eventos como "los días del orgullo homosexual" por el medio de nuestras calles en todos los Estados Unidos. (Muchos de estos eventos muestran a hombres con muy poca o ninguna ropa besándose y acariciándose mientras marchan.[5]) Las expresiones perversas y crudas de "libertad de expresión" nunca son condenadas como poco tolerantes.

En los programas de educación sexual de nuestras aulas en los Estados Unidos se muestran atrocidades. Mucho de esto sucede sin el permiso de los padres porque a alguien le pareció que estaba bien enseñar a los niños de maneras que los padres nunca aprobaron. Los defensores de enseñanzas que nunca aprobaríamos consiguieron puestos en las juntas escolares y han abierto las mentes de nuestros hijos a las prácticas más crudas que se puedan imaginar. (Considere el sistema escolar de Maine que entrega condones a niños de 11 años.)[6]

Se nos ha dicho, en términos muy claros, que estamos para que se nos vea pero no para que se nos escuche como cristianos. Se nos ha dado el mensaje nada sutil de que "lo que ustedes creen están errado y realmente no tienen derecho a la expresión pública de sus ideas". Hay demasiados que se dicen seguidores de Cristo que se han tragado ese mensaje y lo han asimilado. En realidad se ponen a juzgar a otros cristianos que expresan su opinión: "Bueno, se supone que solo seamos amorosos y amorosos significa nunca decir nada". Esa línea de pensamiento es la misma razón por la que las creencias seculares han comenzado a dominar nuestra cultura.

En la guerra cultural, el que hable más logra moldear la cultura. Si no hablamos, perdemos. Hablamos con nuestro voto, con nuestra creatividad, al percatarnos de cuándo hay indicios de valores no bíblicos mostrándose en nuestras comunidades.

Muchos países del mundo piensan en los Estados Unidos como "un país cristiano" porque imprimimos "En Dios confiamos" en nuestro dinero. Pero cuando nos miran, encuentran la música, los videos, la televisión y las películas más crudas que cualquiera pudiera crear. Mientras que el mundo secular tenga éxito en decirnos que mantengamos la boca cerrada, ellos gobernarán la tierra. Ellos nos harán sentir que estamos siendo sentenciosos cada vez que queramos expresar nuestra fe y tener una voz. Mientras permanezcamos callados, ellos seguirán dominando nuestra cultura y llevarán a esta generación futura a una muerte de moral asolada que hubiera sido inconcebible para nuestros antepasados.

## Una voz que involucra al corazón

Al expresar nuestra opinión necesitamos ser cuidadosos de hablar bondadosamente y sin condenación. Necesitamos tener una voz de compasión, no de ira. Nosotros no acusamos ni llamamos a la gente pecadores, pero sí demostramos nuestro amor de maneras creativas.

Nuestra voz necesita parecerse a la voz de Cristo al comunicar nuestros ideales, valor y fe. Necesitamos salir de la posición defensiva y ponernos a la ofensiva en cuanto a involucrar a la gente de manera creativa con pensamientos profundos para que al menos tengan que considerar lo que decimos en lugar de sencillamente desecharnos. ¿No fue eso lo que hizo Jesús con sus parábolas, historias y ejemplos prácticos? Él hizo que la gente considerara bien los asuntos de la vida, con la fe y el Dios Creados como telón de fondo. Tuvieron que luchar con su fe y con su propia relación con Dios basado en las historias que él les contaba.

Necesitamos hacer lo mismo a través de las artes, a través de nuestras iglesias, de nuestros sermones, de nuestras vallas. Bueno, usted ya captó la idea. Se llama ¡recuperar nuestra cultura! Es entender que aquellos que nos han dicho que se nos debe ver pero no oír son los que están alzando sus voces y moldeando a esta joven generación. En realidad, Dios quiere que se nos vea y que se nos escuche. No podemos tratar de involucrar los asuntos del corazón solo desde una perspectiva cerebral, nuestras voces deben ser amorosas, creativas y potentes para que el mensaje llegue al corazón.

# 25

# HACER UN RUIDO CREATIVO

¿Sientes la libertad de dejar que tu voz se escuche? ¿Te has sentido inspirado a soñar para marcar la diferencia en los jóvenes de tu hogar y de tu comunidad, de tu mundo y de tu país? Por favor, no salgas a empezar con una pancarta o un megáfono. El ruido creativo tiene que expresarse con arte, la expresión de nuestra fe. Comienza con un sueño.

¿En qué aspecto te sientes más obligado a rescatar a los jóvenes?

## Ruidos creativos en la cultura

Primero que nada, responder al mundo es una de las maneras en que podemos comunicar nuestros valores a pesar de que es una postura más defensiva. Cuando vemos cosas que van en contra de lo que consideramos valores y estilo de vida genuinos, necesitamos decir algo. Podemos ser amables al respecto, pero podemos hacer algún ruido. Por ejemplo, si usted ve carteleras que son obscenas, no permita que esas imágenes se exhiban allí. Lo que permitimos es lo que se convierte en normal. Lo que permitimos es lo que se convierte en estándar. Si usted ve comerciales en su televisor que le molestan y sabe que no quisiera que sus hijos los vieran ni que los vieran los hijos de otros, ofrezca resistencia. Dígale a la estación de televisión: "No queremos esta clase de programación". Dígales a sus amigos en la iglesia: "Oigan, vamos a decirle a esta gente que no queremos esta basura". Usted no solo protege a sus hijos, sino que también protege a los hijos de toda la comunidad. Cuando usted ve las enormes carteleras en un centro comercial que muestran mujeres apenas sin ropa, busque la forma y averigüe cómo hacer que quiten esas imágenes. Usted no solo está protegiendo sus ojos, está protegiendo los ojos de su familia y los ojos de toda la comunidad.

Piense en las cosas que escucha en la radio, las cosas que ve en MTV, las cosas que escucha en la jerga común. Ya sea que se trate de escuelas que están enseñando cierto estilo de vida o escuelas que permiten que se distribuyan métodos para el control de la natalidad en sus instalaciones, cada vez que veamos pisoteados los valores de la Biblia, debemos levantarnos y decir: "Espera, ¿realmente queremos que nuestros hijos se críen con eso? ¿Realmente queremos que vean estos comerciales? ¿Realmente queremos este tipo de comunidad?" Hasta los no cristianos, cuando usted apela a su necesidad de proteger a los niños en su comunidad, muchas veces ellos también quieren las cosas correctas.

## Su ruido creativo en la cultura

Todos necesitamos tener una lado defensivo, pero lo más importante es la necesidad de pensar de manera creativa en cómo podemos usar nuestras voces para influir sobre las personas de todas las edades en nuestra ciudad. Piense en todas las maneras diferentes en que usted pudiera involucrarlas, especialmente con el acceso a Internet que nos da tantas oportunidades para tomar lo que solía ser una voz pequeña y transmitirla para el mundo entero. El blog o boletín electrónico es una de las tantas maneras en que usted puede hacer esto. Usted puede escoger comenzar un blog y hacer que la gente se suscriba al mismo para que la palabra se difunda virtualmente por toda la Internet sobre asuntos en los que usted quiera involucrar a las personas y ganar ímpetu a efectos del cambio social.

### Publicar videos

Con la llegada de YouTube, GodTube y otros sitios de Internet, usted puede publicar videos que ven en el mundo entero cientos de miles e incluso millones de personas. Hace solo unos años, esto hubiera sido virtualmente imposible sin millones de dólares. Quizá usted sepa hacer un video o sus hijos saben, o usted conoce a alguien en su vecindario que se unirá a usted para de manera regular hacer videos y enviar el vínculo a una lista de correo electrónico.

### Escribir

Ya sea escribir poemas o historias, usted puede tener el don creativo para expresarse a sí mismo. Hay varios sitios web que le dejarán a usted y a su adolescente publicar lo que escriban. Un sitio popular para escritores jóvenes es www.poetry.com. Para los artistas, visite www.deviantart.com. Ninguno de estos sitios es específicamente para cristianos y pueden usarse como una herramienta para compartir su fe. Otras opciones a considerar incluyen el gremio de escritores cristianos en www.christianwritersguild. com. Las páginas web personales y los blog son otras maneras maravillosas de expresar el pensamiento escrito.

### Música

Quizá usted tiene talento musical o conoce a algunos jóvenes que tienen talento musical. Levántese y ayúdelos a expresar su voz y a usar su talento respaldándolos financieramente para que puedan llevar la palabra a su generación.

Quiero animarle a que comience a buscar jóvenes en su iglesia o en su comunidad que puedan tener un don para la música. Puede que usted no tenga inclinación por la música, pero aún así puede apoyarlos. Usted puede apoyarlos a comprar los equipos necesarios si los necesitan. Usted puede buscar maneras de ayudarlos a hacer un disco tipo demostración y llevarlo a una casa disquera. Puede incluso que obtengan un contrato de grabación. Usted puede ayudarles a encontrar lugares en la localidad o financiar sus viajes. También pudiera darles un lugar para expresar su don. Tengo un amigo, Pat Fleming, que se hizo cargo de un grupo de adolescentes tanto para servirles de mentor espiritual como para invertir en ellos financieramente. Los ayudó a financiar su sueño de ministrar y alcanzar a su generación con sus dones.

El hecho es que los jóvenes del mundo secular tienen gente todo el tiempo que cree en ellos y dan el paso al frente con dinero para ayudarlos a vivir su sueño. Vamos a tener que hacer lo mismo si queremos que la gente temerosa de Dios tenga más influencia en este país.

## Junta escolar

Otra manera de usar su voz es involucrarse en el sistema escolar local. Puede que usted no se dé cuenta, pero como miembro de la junta escolar, usted tiene la tremenda oportunidad de influir en lo que se permite en las escuelas, especialmente en sus bibliotecas y su currículo. Averigüe cuándo son las elecciones. Averigüe cuándo se nomina a las personas. Averigüe el proceso de salir elegido. Obsérvelo durante unos años y vea cómo puede involucrarse. Queremos que allí haya gente cristiana con valores morales bíblicos que se involucre en las decisiones relacionadas con la educación sexual y con el hecho si se debe o no distribuir condones a niños de 11 años. Usted podría terminar siendo la tapa de cierre que impida que enseñanzas y videos crudos y groseros entren a las escuelas. Usted no solo está protegiendo a sus hijos, sino que está protegiendo también a los hijos de los demás.

## Gobierno

Piense en cómo puede involucrarse para postularse ser candidato en las elecciones. Esto pudiera ser para el consejo de su ciudad o incluso para alcalde. Recuerde que involucrarse en el gobierno es una manera en la que usted puede ayudar a moldear la cultura.

Tal y como cuando nuestro país comenzó, todo el mundo se beneficia con una cultura sana y decente. Sin embargo, eso solo va a suceder si gente interesada en el bien se lanza a la lucha de moldear este mundo. Cierto, es un riesgo. Es verdad, es incómodo. Es verdad, puede no ser lo que usted creyó que sería. Pero será necesario tener disposición a sacrificarse para moldear la cultura y proteger a los hijos que no tienen padres cristianos piadosos.

# Nuestra verdadera función

Nuestra función es asegurar que la pasión ferviente por Dios, la norma del tipo de vida que queremos vivir y el tipo de cultura que queremos tener se expresen clara y viablemente de manera que moldee nuestra cultura en sentido positivo. Necesitamos comunicar con claridad nuestros valores de una manera que cree un ruido creativo en nuestra cultura. Tenemos que involucrar al mundo del entretenimiento al apoyar un buen entretenimiento como la serie *Las crónicas de Narnia* o al hacer ruido en contra del entretenimiento destructivo. Necesitamos involucrarnos en el gobierno al levantarnos a favor de líderes gubernamentales piadosos e íntegros o al entrar en el mundo político nosotros mismos. Necesitamos participar en la educación al hacer ruido por las cosas que se están colando en nuestro sistema educacional y al defender una enseñanza sana como es la enseñanza de la abstinencia en la educación sexual. Tenemos que respaldar negocios que representen valores morales como Hobby Lobby y Chick-fil-A, y dejar que se escuche nuestra voz. Recuerde, si somos dueños de negocios, tenemos la oportunidad de apoyar causas íntegras en nuestra comunidad. Todos hemos oído al presentador en los juegos de pelota o en los conciertos cuando dicen: "¡Es hora de hacer ruido!" Bueno, esta es la palabra para la iglesia de Cristo: "¡Es hora de hacer ruido!" Hagámoslo con todo nuestro corazón de una manera creativa que obligue a la gente a escuchar.

Para obtener la experiencia completa de ReCrear, visite www.battlecry.com donde encontrará videos y más información.

# 26

# ADOLESCENTES QUE ESTÁN CAMBIANDO SU GENERACIÓN

Cuando viajo por el país hablando a cientos de miles de adolescentes cada año, es emocionante ver que los jóvenes están comenzando a lanzarse a la lucha para rescatar a su generación. He escuchado algunas historias muy inspiradoras de jóvenes que sencillamente no se han sentado para dejar que la cultura destruya a sus compañeros. Espero que estas historias le inspiren, le emocionen, le animen y le obliguen a actuar.

## Moralidad en el centro comercial

Victoria's Secret estaba haciendo lo que creía que era un día normal de negocios cuando un grupo de 30 adolescentes decidió hacerles entender un poco de sentido común en la tienda de Victoria's Secret en el centro comercial de la ciudad. Parados afuera de la tienda, el primer alumno entró y pidió hablar con el gerente. El gerente vino a verlo y el alumno preguntó: "Señor, ¿pudiera por favor quitar esos afiches? No son buenos para nuestra generación, no es bueno para los varones verlos, nos hacen mirar a las mujeres de manera equivocada; realmente no les da a las mujeres la dignidad que merecen". El gerente se enojó con él y lo sacó de la tienda.

Así que el segundo miembro del grupo de jóvenes entró y pidió ver al gerente. El gerente vino y el alumno dijo: "Señor, ¿pudiera por favor quitar esos afiches? Están destruyendo a nuestra generación, destruyendo la manera en que miramos a las mujeres". El gerente se enojó y lo sacó de la tienda. Así que enviaron al tercero. Él también pidió ver al gerente y se repitió el mismo escenario. Los 30 miembros del grupo lo hicieron, uno a la vez.

Por último, después de que el gerente sacara al último estudiante, todo el grupo entró y suplicó: "Señor, ¿pudiera por favor quitar los afiches? ¿No sabe usted que están destruyendo a nuestra generación? ¿No le importa lo que nos está haciendo?" La tienda completa se quedó en silencio y los compradores se quedaron congelados al oír a estos estudiantes. El gerente con mucho cuidado y toda intención caminó y quitó los afiches.

Ahora bien, eso es un ejemplo de jóvenes que tuvieron una idea y una manera creativa de impactar la cultura. Lo que hicieron no era solo para protegerse a sí mismos sino para proteger a cada muchacho de su comunidad de quedar expuesto a la basura que Victoria's Secret pone en sus vidrieras.

## Quitar productos de los estantes

Durante la navidad un grupo de jóvenes de Arizona se enteró de una tienda que vende lo que ellos llaman "pornoadornos." Estos adornos en realidad eran pornografía. En Teen Mania nos enteramos y mandamos un correo electrónico a nuestra enorme lista de jóvenes por todo el país para averiguar si harían algo con relación a que artículos como estos se vendieran en navidad. Los jóvenes comenzaron a ir a las tiendas con cámaras de video y confrontaron a las vendedores preguntándoles: "¿No hay nada sagrado? ¿Ni siquiera algo de Navidad?" Algunos vendedores dejaron el trabajo y se fueron. Otros gerentes decidieron quitar los "pornoadornos" de los estantes ahí mismo. Pero entonces el grupo de jóvenes decidió actuar con más astucia e involucrar al fabricante de estos artículos que se estaban vendiendo en tiendas de todo el estado de Arizona. El grupo de jóvenes escribió una carta pidiendo a la empresa que dejara de hacer las ventas. La empresa eliminó el artículo de su inventario solo porque un grupo de jóvenes actuó.[1]

## Cruzado contra la esclavitud

Zack Hunter es otro joven de 15 años que comenzó a hacer cruzadas por todo el país para detener la esclavitud tal como la conocemos. Cuando tenía 12, él comenzó a leer libro sobre la esclavitud que le llevaron a descubrir que existen 27 millones de esclavos en la actualidad.[2] Prosiguió con fundar una organización llamada *Loose Change to Loosen Chains* [Dinero suelto para soltar cadenas] para animar a jóvenes y adultos a recaudar apoyo para organizaciones anti-esclavitud como IMJ, Free the Slaves, Child Voice International, Rug Mark y Justice for Children International. Hoy Zack es el portavoz internacional de la campaña Amazing Change de Walden Media y el autor de *Sé tú la diferencia: Tu guía para liberar esclavos y cambiar el mundo*.[3] Como dice el propio Zach: "Necesitamos recaudar dinero para hacer esto. Necesitamos detener la esclavitud internacional y la esclavitud alrededor del mundo donde hay millones de personas esclavizadas por regímenes opresivos".

## Adolescente se convierte en alcalde

A los 16 años, Michael Sessions decidió postularse para alcalde en su ciudad en Michigan. Puso a todos sus amigos a hacer la campaña, a pesar de que no eran lo suficientemente adultos como para votar. Al principio la gente lo vio como un chiste, pero el día de las elecciones Michael ganó el puesto de alcalde en su ciudad. Michael pasó la mitad de sus días durante su último año de secundaria en la escuela y se ocupaba de sus responsabilidades como alcalde en la otra mitad (en su ciudad ser alcalde era solo un trabajo a tiempo parcial).[4]

# Revolución en la escuela

Antes de que Jordan Kintner viniera a la escuela Honor Academy durante su último año, Dios creó una revolución en el corazón de Jordan que provocó una revolución en su escuela. Era casi el final de su último año y estaba desesperado por tener impacto en su escuela. Aunque Dios anteriormente lo había usado a él y a otros de su grupo de jóvenes para comenzar una reunión de oración en la escuela, Jordan todavía no estaba satisfecho. Así que un día se sentó en el aula y oró "Dios, si puedes usarme para tocar esta escuela para ti, hazlo. Ayúdame Padre a tener un impacto en mi aula para ti que sea recordado".

Solo unos minutos después de hacer esta oración, una chica del cuerpo de gobierno estudiantil vino y le pidió que si podría hablar en el evento de graduación de su aula, que se realizaría durante la misma semana de la graduación. El corazón de Jordan saltó cuando la chica le dijo que podría hablar sobre cualquier tema religioso.

Unos pocos meses después llegó el evento de graduación. Durante la presentación Jordan le dijo al grupo completo de unas 150 a 200 personas que solo una relación con Jesucristo traería satisfacción a los anhelos de su corazón. Él les pidió a los presentes que vinieran a hablar con él y les pidió que no permitieran que sus palabras fueran solo un mensaje, sino que les permitieran cambiar sus vidas.

Jordan afirma: "Esto es algo que hice siendo un adolescente que supongo que uno pudiera catalogar de 'dramático' para Dios, pero con toda honestidad, no lo veo así. Yo solo estaba tratando de marcar la diferencia en mi escuela".[5]

# Galletas Jesús

Brianna Keleher es otra adolescente que está marcando la diferencia. En septiembre de 2006 Brianna fue al evento de Acquire the Fire que se celebró en Amherst, Massachusetts. En un momento durante la sesión, salió en la pantalla un anuncio de Compassion International que captó inmediatamente su atención. Cuando se presentó la oportunidad, Brianna fue al quiosco de Compassion International y en breve era la patrocinadora muy orgullosa de un niño en Lima, Perú.

Brianna sabía que había muchos alumnos de su escuela que también querían ayudar pero que no darían el paso de patrocinar ellos mismos a un niño. Así que se le ocurrió la idea de vender "Galletas Jesús" en su aula, y todas las ganancias serían para Compassion International. En tres días Brianna comenzó a vender las galletas y desde el principio de octubre hasta principios de junio, se le conoció como "la dama de las galletas". Las galletas Jesús eran hechas por niños, compradas por niños y las ganancias fueron para un niño. Brianna descubrió que vender las galletas también le dio una gran oportunidad de hablar con alumnos sobre qué es lo que defiende Compassion International. En la actualidad todavía se le conoce en su escuela como "la dama de las galletas".[6]

Para obtener la experiencia completa de ReCrear, visite www.battlecry.com donde encontrará videos y más información.

## Conclusión

# *DEL OTRO LADO DE SU SUEÑO*

"Derramaré mi Espíritu…. [y] Los hijos y las hijas de ustedes profetizarán…" Hemos leído este pasaje de Joel 2 en varias ocasiones. Así que mi pregunta para cada lector es: "¿Quiénes son los hijos y las hijas? ¿Son solo los de su casa? ¿Son solo los que usted ha criado o va más allá de eso?" Le animo a que piense que sus hijos e hijas son los hijos e hijas de su país; de los que hemos hablado en todo el libro, los que están siendo tentados y aplastados por aquellos que obtienen ganancias con su destrucción. Estos son los hijos e hijas de su país y los hijos e hijas del mundo. Nuestra responsabilidad va más allá de aquellos que viven en nuestro hogar a aquellos que viven en la cultura que estamos permitiendo florecer.

Hemos hablado a lo largo de este libro sobre la oportunidad y cómo podemos ReCrear la cultura en nuestro hogar, en nuestra comunidad, en nuestra nación, en nuestro mundo. Todo comienza con soñadores. Alguien tiene que tener un sueño. Así que el mensaje de este libro no es pedirle cortésmente que sueñe sino obligarle a darse cuenta de que *tenemos que soñar* a favor de nuestros hijos o alguien más lo hará. Si no soñamos a favor de ellos, lo hará MTV; lo hará BET. Si no soñamos, Microsoft soñará. La gente que crea las letras más pervertidas en el mundo soñara un sueño para nuestros hijos. Esta no es una invitación cortés. Es una orden. Si no soñamos, el futuro de su país, y de hecho el futuro de mil millones de adolescentes del mundo está en las manos de aquellos que soñarán la destrucción a favor de ellos.

*Del otro lado de su sueño están los jóvenes que están buscando esperanza, visión, dirección;* están buscando valores y a aquellos que les muestren y les expresen sus valores. Tenemos que soñar no solo por el hecho de "¡Qué buena onda que es tener un sueño y hacer algo bueno!", sino por el bien de gente real que está sufriendo y siendo destruida, porque aquellos que tienen virtud moral se niegan a soñar para ellos.

Bueno, ese tiempo se acabó. Usted llegó al final de este libro, lo que significa que tiene algo dentro de sí que le obliga a hacer algo con relación al futuro de nuestra juventud. Así que es hora de actuar.

Reúna a otras personas y estudie este libro con ellas y comiencen a tener un sueño. Vayan tras los jóvenes de su barrio. Es hora de que los que serán los soñadores se levanten y lo sean. Es hora de dejar de acusar y de hablar de la moral de esta generación y de lo malo que está todo. Es hora de hacer algo con una expresión creativa del poder de Dios, a través suyo, creando un sueño que cautivará el corazón de una joven generación. Juntos podemos ReCrear el futuro de nuestros jóvenes.

# NOTAS

## Introducción

1. Walker, Jon, "Family Life Council Says It's Time to Bring Family Back to Life," Concilio de los Bautistas del Sur, 12 de junio, 2002. http://www.sbcannualmeeting.net/sbc02/newsroom/newspage.asp?ID=261 (accedido en mayo de 2008).

## Capítulo I: Una generación fuera de control

1. "Niño de 12 años mata a batazos a un niño pequeño, afirma la policía." Prensa Asociada, 6 de enero, 2008. http://www.cnn.com/2008/CRIME/01/06/infant.killed.ap/ (accedido en mayo de 2008).

2. "Maestro arrestado por ofrecer buenas notas a cambio de sexo oral", Prensa Asociada, 21 de diciembre de 2007. http://www.foxnews.com/story/0,2933,317611,00.html (accedido en mayo de 2008).

3. Meyer, Jeremy P., "Se pide licencia de maternidad para niñas," The Denver Post, 7 de enero de 2008. http:// www.denverpost.com/news/ci_7899096 (accedido en mayo de 2008).

4. "Adolescentes de Colorado acusados de matar a una niña de siete años por los movimientos del juego "Mortal Kombat", Prensa Asociada, 20 de diciembre de 2007. http://www.foxnews.com/story/0,2933,317544,00.html (accedido en mayo de 2008).

5. "Adolescente acusado de intentar violar a mujer de 62 años", ABC2News, 10 de enero de 2008. http://www.topix.com/editor/profile/abc2news (accedido en mayo de 2008).

6. "Maestra de sexto grado recibe 10 años de prisión por tener relaciones sexuales con muchacho de 13 años, Prensa Asociada, 17 de marzo de 2007. http://www.foxnews.com/story/0,2933,259370,00.html (accedido en mayo de 2008).

7. "Dice la madre: Tirador adolescente de Michigan dejó de tomar medicamento antes de cometer asesinatos", Prensa Asociada, 9 de marzo de 2007. http://www.foxnews.com/story/0,2933,258023,00.html (accedido en mayo de 2008).

8. "Inculpado sospechoso de Nevada en el caso de video de la violación de una niña de tres años," Fox News, 17 de octubre de 2007. http://www.foxnews.com/story/0,2933,302529,00.html (accedido en mayo de 2008).

9. "Fiscal norteamericano acusado de buscar relaciones sexuales con una niña de cinco años", Fox News, 18 de septiembre de 2007. http://www.foxnews.com/story/0,2933,297152,00.html (accedido en mayo de 2008).

10. "Afirma la policía: Niña de seis años encontrada ahorcada en un garaje en Texas víctima de abuso sexual", Fox News, 12 de septiember de 2007. http://www.foxnews.com/story/0,2933,296585,00.html (accedido en mayo de 2008).

11. "Madre de Michigan sentenciada de 12 a 22 años por "contrato" sexual para su hija menor de edad" Prensa Asociada, June 19, 2007. http://www.foxnews.com/story/0,2933,284255,00.html (accedido en mayo de 2008).

12. "Hombre sentenciado a 20 años por asesinato relacionado con extraño triángulo amoroso en el Internet," Prensa Asociada, November 27, 2007. http://www.foxnews.com/story/0,2933,313343,00.html (accedido en mayo de 2008).

13. "Cuatro alumnos universitarios baleados a quemarropa en Newark, NJ", Prensa Asociada, August 6, 2007. http://www.foxnews.com/story/0,2933,292200,00.html (accedido en mayo de 2008).

14. "Madre joven acusada luego de grabación de su bebé de diez meses bebiendo ginebra con jugo," The Associated Press, June 23, 2007. http://www.foxnews.com/story/0,2933,286193,00.html (accedido en mayo de 2008).

15. Moss, Corey, "Madonna se besuquea con Britney y Christina; Justin y Coldplay ganadores en los VMA," MTV.com, August 28, 2003. http://www.mtv.com/news/articles/1477729/20030828/ spears_britney.jhtml?headlines=true (accedido en mayo de 2008).

16. Leeds, Jeff, "El fiasco de Spears en los premios hace espeuclar sobre su futuro", New York Times,

13 de septiembre de 2007. http://www.nytimes.com/2007/09/13/arts/music/13brit.html (accedido en mayo de 2008).

17. "Winehouse domina los Grammy con 5 premios," Prensa Asociada, 11 de febrero de 2008. http:// www.msnbc.msn.com/id/23100297/ (accedido en mayo de 2008).

18. Schmidt, Veronica, "Un fin de semana parraAmy Winehouse: Del calabozo a la lista de los ricos la Rich List," Times Online, 28 de abril de 2008. http://entertainment. timesonline.co.uk/tol/arts_and_enter tainment/music/article3832374.ece.

19. "Estimandos anuales de la población según el sexo y grupos de edades en cinco años para los Estados Unidos: 1 de abril de 2000 al 1 de julio de 2007," U.S. Census Bureau. http://www.census.gov/popest/national/asrh/NC-EST2007-sa. html (accedido en mayo de 2008).

20. Ohayon, Lauren, "¡Mami, lo necesito!" That Money Show, WNET New York. http:// www.pbs.org/ wnet/moneyshow/cover/111000.html (accedido en mayo de 2008).

21. Olsen, Stefanie, "Los adolescentes y los medios: un trabajo a tiempo completo," CNET News.com, 7 de diciembre de 2006. http://www.news.com/2100-1041_3-6141920. html (accedido en mayo de 2008).

22. Rushkoff, Douglas, "Mercaderes de onda." Frontline. http://www.pbs.org/wgbh/pages/frontline/shows/cool/view/ (accedido en mayo de 2008).

23. "Las ganancias de Viacom aumentan la venta de activos: 'Transformers,'" Reuters, 2 de noviembre de 2007. http://www.cnbc.com/id/21593581/ (accedido en mayo de 2008).

# NOTAS

**Capítulo 2: ¿Somos soñadores?**

1. "Violencia en los medios de comunicación," The American Academy of Pediatrics, 5 de noviembre de, 2001, vol. 108, no. 5, pp. 1222-1226. ttp://aappolicy.aappublications. org/cgi/content/full/pediatrics;108/5/ 1222 (accedido en mayo de 2008).

2. Swanbrow, Diane, "Violencia cinematográfica", University of Michigan News, 2005. http://www.umich.edu/news/research/story/violence.htm (accedido en mayo de 2008).

3. "El número de escenas sexuales en la televisión casi se duplicó desde 1998," The Kaiser Family Foundation, datos de 1998-2005 . http://www.kff.org/entmedia/ entmedia110905nr.cfm (accedido en mayo de 2008).

4. Williams, Casey, "Vendedores de inmundica en MTV: Apuntando a los niños con sexo, drogas y Alcohol", Parents Television Council, marzo de 2004. http://www.parentstv. org/PTC/publications/reports/ mtv2005/main.asp (accedido en mayo de 2008).

5. Sandra H., Berry, Rebecca L. Collins, Marc N. Elliot, et al, "Ver el sexo en televisión predice la iniciación de los adolescentes en una conducta sexuak", Pediatrics, septiembre de 2004, vol. 114, no. 3, pp. e280-e289 http://pediatrics.aappublications.org/cgi/content/full/114/3/e280 (accedido en mayo de 2008).

6. Friedman, Roger, "No hay compradores para la película de violación de Dakota Fanning," Fox News, 25 de enero de 2007. http://www.foxnews.com/story/0,2933,246698,00. html (accedido en mayo de 2008).

7. Dr. Macenstein, "Bill Gates espía a sus hijos, limita el acceso a Internet," Macenstein, 21 de febrero de 2007. http://macenstein.com/default/archives/538 (accedido en mayo de 2008).

8. "Cruise y Spielberg limitan el tiempo de televisión que sus hijos ven", Hellomagazine. com, 27 de septiembre de 2002. http://www.hellomagazine.com/film/2002/09/27/ cruisespielberg (accedido en mayo de 2008).

**Capítulo 3: The Insidious Grip of Culture**

1. Kohler, Judith, "El tirador de la iglesia en Colorado había sido expulsado de su casa," Brietbart.com, 10 de diciembre de 2007. http://www.breitbart.com/article. php?id=D8TEUPFG0&show_article=1 (accedido en mayo de 2008); "Pistolero de iglesia deja un discurso en línea entre los tiroteos", Denver News, 11 de diciembre de 2007. http:// www.thedenverchannel.com/news/14822541/detail.html (accedido en mayo de 2008).

2. Bartels, Lynn y Carla Crowder, "Amistad fatal," Rocky Mountain News, 22 de agosto de 1999. http://denver.rockymountainnews.com/shooting/0822fata1.shtml (accedido en mayo de 2008).

3. "Biografía de Jamie Lynn Spears (1991- )," Biography.com. http://www.biography.com/search/article.do?id=262390&page=print

4. Thompson, Ben, "Cuéntanos tu historia," alumno de Honor Academy, enero de 2008.

**Capítulo 4: Cómo dejamos que la cultura entre a nuestros hogares**

1. Walsh, David, Ph.D., "Los violencia en los videojuegos y la política pública", trabajo presentando en Jugar según las reglas: Los desafíos de los video juegos para la política cultural, 26-27 de octubre de 2001, Chicago, Illinois. http://culturalpolicy.uchicago.edu/conf2001/papers/walsh.html (accedido en mayo de 2008).

2. Hepburn, Mary A., "La violencia en los medios audiovisuales: Cómo los educadores pueden responder", ERIC Digest, abril de 2001. http://www.ericdigests.org/2001-4/violence.html (accedido en mayo de 2008).

3. Walsh, "Los violencia en los videojuegos y la política pública", 216

4. Chapman, Glenn, "Las ventas de los videojuegos en los Estados Unidos alcanzan un récord de 17.9 mil millones de dólares", AFP, 19 de enero de 2008. http://afp.google.com/article/ALeqM5jH1jm0BaYBUspP7YByrHm_hPsGUw (accedido en mayo de 2008).

5. Mintle, Linda S., Ph.D., "La exposición a videojuegos violentaos puede aumentar una conducta agresica", Charisma, de una estudio realizado en 1998 que involucró videojuegos de Sega y Nintendo.

6. Owyang. Jeremiah, "Estadísticas de redes sociales: Facebook, MySpace, Reunion," Estrategia para la Web de Jeremiah, enero de 2008. http://www.web-strategist.com/blog/2008/01/09/social-networkstats- facebook-myspace-reunion-jan-2008/ (accedido en mayo de 2008); Alex Moskalyuk, "Demografía por edad de los visitantes de MySpace," IT Facts, ZDNet, October 30, 2006. http://blogs.zd net.com/ITFacts/?p=11967 (accedido en mayo de 2008).

7. "Sala de prensa: Estadísticas," Facebook.com, 2008. http://www.facebook.com/press/info.php?sta tistics (accedido en mayo de 2008); Andrew Lipsman, "Facebook enfrenta una inundación de nuevo tráfico desde adolescentes hasta adultos," ComScore, 5 de julio de 2007 (datos de mayo de 2007). http://www.comscore.com/press/release.asp?press=1519 (accedido en mayo de 2008).

8. "Tienes 15 años: ¿quién te vigila en línea?", CBS News, 14 de junio de 2006. http://www.cbsnews.com/stories/2006/06/08/gentech/main1696408.shtml?source=RSS&attr=_1696408 (accedido en mayo de 2008).

9. "Reporte: Federales investigan suicidio por Internet," San Francisco Chronicle, 9 de enero de 2008. http://www.sfgate.com/cgi-bin/article.cgi?f=/n/a/2008/01/08/national/a171155S85.DTL&type=politics (accedido en mayo de 2008).

10. Oglesby, Christy, "Celulares, mensajes de texto dan a los depredadores un camino secreto hacia los niños" CNN.com, 11 de enero de 2008. http://www.cnn.com/2008/CRIME/01/11/teachers.charged/ (accedido en mayo de 2008).

11. "Pornografía y violencia sádica", Pro-Vida: Promover una cultura de vida, datos basados en Nielsen TV Rating Service Study. http://www.prolife.org.ph/filemanager/download/45/Pornography_and_Sadistic_violence.pdf (accedido en mayo de 2008).

12. "Datos sobre los niños y los medios de comunicación," Instituto Nacional sobre los Medios y la Familia. http://www.mediafamily.org/facts/facts.shtml (accedido en mayo de 2008); "La multitarea de los medios cambia la naturaleza y la cantidad del uso que los jóvenes dan a los medios", The Henry J. Kaiser Family Foundation. 9 de marzo de 2005, http://www.kff.org/entmedia/entmedia030905nr.cfm (accedido en mayo de 2008).

**Chapter 5: Un tablero cultural para su familia**

1. "Estadísticas de la pornografía en Internet," My Kids Browser, LLC. http://www.mykidsbrowser.com/ internet-pornography-statistics.php (accedido en mayo de 2008).

2. Webb Pressler, Margaret, "Para los adolescentes que envían mensajes de texto, un momento de asombro cuando llega la factura telefónica," Washington Post, 20 de mayo de 2007. http://www.washingtonpost.com/wp-dyn/content/article/2007/05/19/AR2007051901284.html (accedido en mayo de 2008).

3. Rubinkam, Michael, "Escándalo de pornografía en teléfonos celulares en una escuela de los Estados Unidos", Prensa Asociada, 25 de enero de 2008. http://www.msnbc.msn.com/id/22840727/ (accedido en mayo de 2008).

4. "Policía: Alumnos de secundaria intercambian fotos de desnudos de sí mismo a través de teléfonos celulares," Prensa Asociada, 16 de enero de 2008. http://www.foxnews.com/story/0,2933,323373,00.html (accedido en mayo de 2008).

5. "Afirman los expertos que el intercambio de fotos de desnudos es parte de las citas entre adolescentes", Prensa Asociada, 14 de abril de 2008. http://www.foxnews.com/story/0,2933,351171,00.html (accedido en mayo de 2008).

6. "AT&T Smart LimitsTM," AT&T. http://www.att.com/gen/sites/smartlimits?pid=8938 (accedido en mayo de 2008).

7. Searcey, Dionne, "Mantener a los jóvenes con una correa inalámbrica," Washington Post, 4 de septiembre de 2007. http://online.wsj.com/article/SB118886181929516309.html?mod=googlenews_wsj (accedido en mayo de 2008).

**Capítulo 6: Crianza acomodada = hijos con cerebros lavados**

1. "Ingresos dobles: ¿Una bendición o una maldición?" Matrimonio—Familias, 17 de junio de 2006. http://marriage.families.com/blog/dual-income-blessing-or-curse (accedido en mayo de 2008).

2. De Borchgrave, Arnaud, "Tiempo para desintoxicarse de la televisión," United Press International, March 5, 2007. http://www.terradaily.com/reports/Time_For_TV_ Detox_999.html (accedido en mayo de 2008); Stefanie Olsen, "Los adolescentes y los medios: un trabajo a tiempo completo," CNET News.com, 7 de diciembre de 2006. http://www.news.com/2100-1041_3-6141920.html (accedido en mayo de 2008).

**Capítulo 7: ¿Quién es el dueño de su corazón?**

1. Bluestein, Lena, "Una generación impactada es igual a un país transformado," Definitiv de Lena Bluestein, 29 de abril de 2006. http://www.lenabluestein.com/blogs/2006/04/a_ generation_ im.html (accedido en mayo de 2008).

**Capítulo 8: Ventanas al corazón**

1. "Depresión: Señales de advertencia del suicidio," International Still's Disease Foundation. http://www. stillsdisease.org/related_diseases/depression (accedido en mayo de 2008).

2. "Por qué los jóvenes se unen a las pandillas y lo que usted puede hacer," Violence Prevention Institute, Inc. http://www.violencepreventioninstitute.org/youngpeople. html (accedido en mayo de 2008).

**Capítulo 9: Comunicar sus valores**

1. D'Agostino, Joseph A., "Hollywood hace películas 'R' mientras que las películas 'G' hacen dinero". FindArticles.com, 5 de marzo de 1999. http://findarticles.com/p/ articles/mi_qa3827/is_199903/ai_n8848353 (accedido en mayo de 2008).

2. "Vale más la buena fama que las muchas riquezas, y más que oro y plata, la buena reputación" (Prov. 22:1, NVI).

**Capítulo 11: Un matrimonio sólido = hijos seguros**

1. Stanton, Glenn T., "Defender el matrimonio: Anuncios a prueba de debate", Enfoque a la familia. http://www.family.org/socialissues/A000001140.cfm (accedido en mayo de 2008).

2. Honeycutt, Jonathan M., Ph.D (c), M.P.A., M.A., I.P.C., "El 90 por ciento de los padres divorciados tienen menos de la custodia completa de sus hijos", Centro para la justicia infantil, Inc. http:// www.childrensjustice.org/stats.htm (accedido en mayo de 2008).

## Capítulo 12: No hay sustituto para el uno a uno

1. Cohn, D'Vera, "¿Pasan los padres tiempo suficiente con sus hijos?", Buró de referencia de la población, enero de 2007. http://www.prb.org/Articles/2007/DoParentsSpendEnoughTimeWith TheirChildren.aspx (accedido en mayo de 2008).
2. Atkins, David C. y Andrew Christensen, "¿Vale la pena la instrucción profesional? Revisión del impacto de instrucción en psicoterapia sobre los resultados del cliente", Australian Psychologist 36, no. 2, julio de July 2001: 122-130.

## Capítulo 14: Enséñame el dinero y yo te mostraré cuánto vales

1. McEntire, Teresa, "¿Cuánto gasta usted en las navidades" Families.com, LLC, 17 de noviembre de 2006. http://parenting.families.com/blog/how-much-do-you-spend-on-christmas (accedido en mayo de 2008 Joseph A.).

## Capítulo 16: Una generación a punto de extinguirse

1. "La mayoría de la gente en los viente deja el cristianismo luego de los años de actividad espiritual en la adolescencia", The Barna Group, Ltd., 11 de septiembre de 2006. http://www.barna.org/FlexPage.aspx?Page=BarnaUpdate&BarnaUpdateID=245 (accedido en mayo de 2008).
2. "Proyecto de investigación sobre la iglesia en los Estados Unidos: Estadísticas sorprendentes de la investigación en nuevas iglesias, la asistencia a nivel nacional es menos de la mitad de estimados anteriores", NewNE.net, 12 de October de 2006. http://leondejuda.org/db_public/u14_public/index_EN.php?display=onepage&what=1578 (accedido en mayo de 2008).
3. "Asistencia a la iglesia", The Barna Group, Ltd. http://www.barna.org/FlexPage.aspx?Page= Topic&TopicID=10 (accedido en mayo de 2008).
4. Olson, David T., "Presentanción en Power Point sobre el estado de la iglesia norteamericana, diapositiva 19," Proyecto de investigación sobre la iglesia en los Estados Unidos, 2006. Ver la presentación en Powerpoint en http://theamericanchurch.org/.
5. Arn, Win, *The Pastor's Manual for Effective Ministry*, Church Growth, Monrovia, CA, 1988, p. 41.
6. Jalsevac, John, "El guru espiritual más peligroso del mundo: Oprah comienza clase de nueva era de diez semanas en línea", Life Site News, 7 de marzo de 2008. http://www.lifesitenews.com/ldn/printerfriendly. html?articleid=08030701 (accedido en mayo de 2008); "La iglesia de Oprah al descubierto", YouTube, LLC, 6 de marzo de 26, 2008. http://youtube.com/watch?v=JW4LLwkgmqA&feature=related (accedido en mayo de 2008).
7. "Saved! (2004)," IMDb.com, Inc. http://www.imdb.com/title/tt0332375/ (accedido en mayo de 2008).

8. "Político alemán tiene cura para picazón de 7 años", RTÉ Commercial Enterprises Limited, 20 de septiembre de 2007. http://www.rte.ie/news/2007/0920/marriage.html (accedido en mayo de 2008).

9. "Erdogan ataca a los periódicos por publicar fotos de 'mujeres desnudas'", Prensa Asociada, 13 de febrero de 2008. http://www.hurriyet.com.tr/english/8224145. asp?gid=74&sz=32297 (accedido en mayo de 2008).

10. Belien, Paul, "Guerra santa: Es cuestión de abortos y homosexuales, ¡estúpido! ¿O acaso no lo es?" The Brussels Journal, 16 de marzo de 2006. http://www.brusselsjournal.com/node/918 (accedido en mayo de 2008).

11. "Información para los medios de comunicación sobre Naked News: Naked News continúa avanzando en Europa", PR Newswire Europe, Ltd., 5 de agosto de 2007. http://www.prnewswire.co.uk/cgi/news/release?id=127868 (accedido en mayo de 2008).

12. Lowry, Tom, "¿Puede MTV seguir en onda?", The McGraw-Hill Companies Inc., 20 de febrero de 2006. http://www.businessweek.com/magazine/content/06_08/b3972001. htm (accedido en mayo de 2008).

13. "El evangelismo es más eficaz en los niños", The Barna Group, Ltd., 11 de octubre de 2004.http://www.barna.org/FlexPage.aspx?Page=BarnaUpdate&BarnaUpdateID=172 (accedido en mayo de 2008).

**Capítulo 17: Crear una iglesia a la que los adolescentes quieran venir**

1. Walker, Jon, "Concilio dice que llegó la hora de resucitar a la familia," Convención Bautista del Sur, 12 de junio de 2002. http://www.sbcannualmeeting.net/sbc02/newsroom/newspage.asp?ID=261 (accedido en mayo de 2008).

2. Earley, Dave, "La necesidad urgente de iglesias nuevas", Liberty University, 17 de julio de 2006. http://209.85.141.104/search?q=cache:cZ4GFhpdTxoJ:https://www.liberty.edu/media/1162/cmt/The%2520Desperate%2520Need%2520for%2520New%2520 Churches%25202%2520page.doc+Bill+Easum,+%E2%80%9CThe+Easum+Report& hl=en&ct=clnk&cd=2&gl=us (accedido en mayo de 2008).

3. "Recursos: Mercadeo para los niños," CBS Interactive, Inc., 17 de mayo de 2007. http://www.cbsnews.com/stories/2007/05/14/fyi/main2798401.shtml (accedido en mayo de 2008).

**Capítulo 18: Soñadores para Dios**

1. Carugati, Anna, "Entrevistas: Bill Roedy," WSN Inc., octubre de 2007. http://www.world screen.com/interviewscurrent.php?filename=Roedy1007.htm (accedido en mayo de 2008).

2. Visite The Dream Center en www.dreamcenter.org.

3. "Así que Jonatán le dijo a su escudero: Vamos a cruzar hacia la guarnición de esos paganos. Espero que el SEÑOR nos ayude, pues para él no es difícil salvarnos, ya sea con muchos o con pocos". (1 Samuel 14:6, NVI).

4. "Él hará que los padres se reconcilien con sus hijos y los hijos con sus padres, y así no vendré a herir la tierra con destrucción total" (Malaquías 4:6, NVI).

## Capítulo 19: Anatomía de una iglesia de la nueva generación

1. "Estados de los adolescentes norteamericanos," BattleCry.com. http://www.battlecry.com/files/NYAM/Youth%20Awareness%20Sunday%20Powerpoint.ppt (accedido en mayo de 2008).
2. Ver Hillsong Church en www2.hillsong.com.
3. Ver el sitio web de la iglesia Prestonwood Baptist en www.prestonwood.org.
4. Ver iglesia New Life en www.newlifechurch.org.
5. Ver Bethany World Prayer Center en http://www.bethany.com/ (accedido en mayo de 2008).
6. Ver iglesia Fellowship en www.fellowshipchurch.com.
7. Ver The City Church en http://www.thecity.org.
8. Aprill, Joanie, "Cuéntanos tu historia," graduada con honores de Honor Academy, escuela de adoración de agosto, 2007-2008, 9 de enero January de 2008.
9. Neumann, Sarah, "Cuéntanos tu historia," alumna de Honor Academy, enero de 2008, 9 de enero de 2008.
10. Garnett, Sarah, "Cuéntanos tu historia," alumna de Honor Academy, agosto 2007-2008, 9 de enero de 2008.

## Capítulo 20: Iglesias que rompen el molde: historias de visión duplicada

1. "Converaciones/entrevistas en onda con Jim Burns", The Source for Youth Ministries, 11 de julio de, 2000. http://www.thesource4ym.com/interviews/jimburns.asp (accedido en mayo de 2008).

## Capítulo 21: Los soñadores siempre ganan (la guerra de la cultura)

1. "Los cinco grandes de los medios de comunicación comerciales", World-Information. org. http://world-information.org/wio/infostructure/100437611795/100438659010 (accedido en mayo de 2008).
2. Goodstein, Laurie, "Los evangélicos temen perder a sus adolescentes", New York Times, 6 de octubre de 2006. http://www.nytimes.com/2006/10/06/us/06evangelical.html?_r=1&sq=Ron%20Luce&st=nyt&adxnnl=1&oref=slogin&scp=4&adxnnlx=1209582050-VudW4yeTjRmHr3NjBDsqcQ (accedido en mayo de 2008).

Capítulo 22: Paralizados por lo ordinario

1. "¡Más sobre el beso de Britney y Madonna!" Prensa Asociada, 5 de septiembre de 2003. http://www.cbsnews.com/stories/2003/09/05/entertainment/main571865.shtml (accedido en mayo de 2008).

Capítulo 23: Ganar la guerra de las relaciones públicas

1. Geary, Nicole, "Adolescentes de la localidad se reúnen a favor de su generación", Lansing State Journal, 12 de mayo de 2006. http://www.wzzm13.com/news/news_article. aspx?storyid=54336 (accedido en mayo de 2008).

2. "Adolescentes en Cape Girardeau protestan contra el sexo y la violencia en los medios de comunicación", Southeast Missourian, 13 de mayo de 2006. http://medialab. semissourian.com/story/1152572 (accedido en mayo de 2008).

3. Sederberg, Deborah, "Iglesia protesta con el sexo y la violencia en los medios de comunicación", The News-Dispatch, 13 de mayo de 2006. http://nl.newsbank.com/ nl-search/we/Archives (accedido en mayo de 2008).

4. "Adolescente rechazan valores negativos, la concentración del grupo de Farmington condena abiertameten la bebida, las drogas y el sexo", The Detroit News, 13 de mayo de 2006. http://nl.newsbank.com/nl-search/we/Archives (accedido en mayo de 2008).

5. Myers, Ryan, "Adolescentes en busca de moral se reúnen para 'BattleCry'", Midland Reporter-Telegram, 10 de mayo de 2006. http://nl.newsbank.com/nl-search/we/ Archives (accedido en mayo de 2008).

6. Holmes, Kristin E., "Cruzada de adolescentes: Quita la sintonía, un grupo cristiano viene a la ciudad con un mensaje sobre la cultura popular", The Philadelphia Inquirer, 13 de mayo de 2006. http://nl.newsbank.com/nl-search/we/Archives (accedido en mayo de 2008).

7. Martin, Stephanie, "Ciudad condena la concentración juvenil 'BattleCry'", Group Publishing, Inc., julio/agosto de 2006. http://findarticles.com/p/articles/mi_qa3835/ is_200607/ai_n17181262 (accedido en mayo de 2008).

8. Kinnaman, David y Gabe Lyons, unChristian, Baker Books, Grand Rapids, MI, 2007.

9. "La plataforma de derechos para los homosexuales de 1972." http://www.article8.org/ docs/general/platform.htm (accedido en mayo de 2008).

10. Swift, Michael, "Revolucionario homosexual," Gay Community News, 15-21 de febrerode 1987. http://www.fordham.edu/halsall/pwh/swift1.html (accedido en mayo de 2008).

11. Wyatt, David A., "Personajes de televisión homosexuales/lesbianas/bisexuales", 9 de mayo de 2008. http://home.cc.umanitoba.ca/~wyatt/tv-char2000s.html#test104 (accedido en mayo de 2008).

12. " 'Mamá' y 'papá' prohibidos por California," WorldNetDaily.com Inc., 13 de octubre de 2007. http:// www.worldnetdaily.com/news/article.asp?ARTICLE_ID=58130 (accedido en mayo de 2008).

13. Elwin, Rosamund y Michele Paulse, ilustrado por Dawn Lee, *Asha's Mums*, Women's Press, Toronto, ON, 1990.

14. Gandossy, Taylor, "Adopción homosexual: Un nuevo enfoque de la familia norteamericana", CNN.com, 27 de junio de 2007. http://www.cnn.com/2007/US/06/25/gay.adoption/index.html (accedido en mayo de 2008).

15. "COLAGEr Question for Presidential Candidates," YouTube, LLC, 13 de agosto de 2007. http://youtube.com/watch?v=DTk6Fjr3ycI (accedido en mayo de 2008).

16. Unruh, Bob, "'Cinco pilares del Islam' que se enseñan en las escuelas públicas", WorldNetDaily.com Inc., 10 de octbure de 2006. http://www.worldnetdaily.com/news/article.asp?ARTICLE_ID=52335 (accedido en mayo de 2008).

17. Ahmed-Ullah, Noreen S., Sam Roe y Laurie Cohen, "Una mirada extraña a una hermandad secreta en los Estados Unidos", Chicago Tribune, 19 de septiembre de 2004. http://www.chicagotribune.com/news/specials/chi-0409190261sep19,1,3910166.story (accedido en mayo de 2008).

18. Shorrosh, Dr. Anis, D.Min., D.Phil., "Plan de 20 años para los Estados Unidos: El Islam pone la mira en los Estados Unidos". Dicembre de 2002. http://www.islam-in-focus.com/Press%20Release%20Christmas%202002.htm (accedido en mayo de 2008).

19. Mydans, Seth, "Los Estados Unidos teme que la beligerancia islámica pueda surgir en Cambodia", New York Times, 22 de diciembre de 2002. http://query.nytimes.com/gst/fullpage.html?res=9903E0DA163CF931A15751C1A9649C8B63 (accedido en mayo de 2008).

20. "Número de musulmanes en los Estados Unidos", Adherents.com. http://www.adherents.com/largecom/com_islam_usa.html (accedido en mayo de 2008).

**Capítulo 24: ¿Quién nos mandó a callar?**

1. Anderson, Ken, "Panorama del estudio bíblico: La sangre de los mártires", http://kenanderson.net/ bible/html/martyrs.html (accedido en mayo de 2008).

2. "Se produjo entre ellos un conflicto tan serio que acabaron por separarse. Bernabé se llevó a Marcos y se embarcó rumbo a Chipre,40 mientras que Pablo escogió a Silas. Después de que los hermanos lo encomendaron a la gracia del Señor, Pablo partió41 y viajó por Siria y Cilicia, consolidando a las iglesias". (Hechos 15:39-42).

3. "Miguel Ángel: Arte por amor a la fe", Christianity History & Biography 91, (2006). http:// www.christianhistorystore.com/ch91michelangelo.html (accedido en mayo de 2008).

4. "George Frideric Handel," Today's Christian 39, no. 6, (2001): 15. http://www.christianitytoday.com/tc/ 2001/006/9.15.html (accedido en mayo de 2008).

5. "Probar la fe: 'Orgullo homosexual' muestra simulación de relaciones sexuales, 'muchedumbre' a la carga" WorldNetDaily.com Inc., 14 de junio de 2005. http://worldnetdaily.com/news/article.asp?ARTICLE_ID=44753 (accedido en mayo de 2008).

6. Feldhahn, Shaunti, "¿Están las escuelas animando a los alumnos a tener relaciones sexuales?", Atlanta Journal- Constitution, 27 de octubre de 2007. http://www. ajc.com/blogs/content/shared-blogs/ajc/woman/entries/2007/10/27/index.html (accedido en mayo de 2008).

**Capítulo 26: Adolescentes que están cambiando su generación**

1. "Grupo de jóvenes protesta en contra de los 'pornoadornos' de una tienda", News4Jax. com, 6 de diciembre de 2006. http://www.news4jax.com/news/10479455/detail. html (accedido en mayo de 2008).

2. "10 aspectos principales sobre la esclavitud moderna", Free the Slaves, 2007. http:// www.freetheslaves.net/NETCOMMUNITY/Page.aspx?pid=375&srcid=424 (accedido en mayo de 2008).

3. Riess, Jana, "Adolescente abolicionista habla contra la esclavitud moderna", Religion BookLine, 21 de febrero de 2007. http://www.publishersweekly.com/article/ CA6418085.html (accedido en mayo de 2008); Entrevistas con Zack disponibles en www.myspace.com/lc2lc (accedido en mayo de 2008).

4. "Sesiones del alcalde Michael," City of Hillsdale. http://www.ci.hillsdale.mi.us/ sessions.htm (accedido en mayo de 2008).

5. Kintner, Jordan, "Cuéntanos tu historia", alumno de Honor Academy, agosto 2007-2008.

6. Keleher, Brianna, "Cuéntanos tu historia," alumna de Honor Academy, enero de 2008.

# AGRADECIMIENTOS

La vida nos da muchas etapas y cada una termina y comienza una nueva, uno se da cuenta de que la única cosa constante y estable es el fiel amor de Dios.

Comencé un viaje hace más de 22 años sin nada más que los sueños y esperanzas de un corazón que anhelaba el cambio. Sin embargo, sí tuve una amiga leal que me amó y creyó en mí lo suficiente como para caminar en obediencia hacia un llamado que también me motiva a confiar en una esperanza de que un día una nueva realidad será la realidad que sueño para nuestros hijos. Gracias Katie por tu fortaleza tranquila, porque sin ella nunca hubiera podido soñar el sueño de Dios de cambiar el mundo al alcanzar a una generación y mucho menos construir un fundamento en nuestro hogar. Es debido a ese fundamento que estoy lo suficientemente agradecido como para apreciar los sacrificios que mis hijos han hecho desinteresadamente una y otra vez. Hannah, Charity y Cameron, nunca me di cuenta de que una de las bendiciones más grandes que uno puede experimentar como padre sería captar la visión que ahora cada uno de ustedes me da.

También he aprendido en cada nueva etapa que nada grandioso puede lograrse solo. Tras cada éxito hay un ejército innumerable de talento dispuesto a permanecer en las sombras para que sus talentos se usen para una causa mayor que ellos mismos. Teen Mania Ministries tiene una historia rica de las vidas dedicadas que han venido y se han ido e incluso han vuelto a regresar. La lealtad verdadera es un regalo tan inapreciable que produce un gran sentido de humildad. Gracias Charity por editar fielmente y añadir tu propia perspectiva juvenil a cada capítulo. Eres una joven preciosa y un gran ejemplo para tu generación al usar los dones que Dios te da para cambiar al mundo. Una de las cosas más maravillosas de este libro fue trabajar junto contigo. Gracias a Rebekah Morris, Beth King, Becky Burnham, Meredith Ambrose, Michelle Janke, Simone Nickel, Rachel Burrow y Christina Bourassa por las muchas horas de investigación y edición. Gracias Idalia Saravia, Sarah Tagaloa y Michelle Mavridis, por ayudar a poner en palabras todas mis ideas. Gracias Kevin Benson por tu ayuda, apoyo y más que nada, por tu amistad.

Ron Luce

## Declaración de propósitos de Teen Mania:

*¡Provocar a una joven generación a buscar a Jesucristo con pasión y a llevar su mensaje dador de vida a los confines de la tierra!*

Aquire the Fire
BattleCry
CCM
Global Expeditions
Honor Academy
Local Church Partnerships

**www.teenmania.org**